# 奥東京人に会いに行く

大石 始
Oishi Hajime

晶文社

装丁　坂川事務所
装画　北澤平祐
本文写真　大石慶子

奥東京人に会いに行く

目次

## ③ 東京の海――現代に生きる海の民



## ④ 東京の島――最果ての地に生きるということ

# はじめに

ぼくは東京の吉祥寺という都心から電車で二〇分ほどの郊外に住んでいる。この町には井の頭公園というそれなりに大きな公園があり、周囲には雑誌やテレビで取り上げられるようなシャレた雰囲気の飲食店がたくさんある。観光客も多く、とある住宅情報サイトが集計した「住みたい街ランキング」で一位に選ばれたこともあるような町だ。

ただし、人気の観光地だけあって、週末になるとたくさんの人でごった返し、食事をとるのも一苦労する。都内だったらどこにでもある立ち食い蕎麦屋にすら行列ができるぐらいだから、ヘタをすると都心以上の混雑ぶりだ。

ぼくの場合、たまたま十代のころから吉祥寺を含む東京西部と縁があり、馴染みのあるエリアということもあって今も吉祥寺に住んでいる。決して嫌いな町ではないけれど、特別な思い入れがあるというわけでもない。東京に限らず、そうやって自分が住む場所を気楽にチョイスしている方は多いはずだ。

ある日、ぼくは吉祥寺に関するとある新聞記事を目にした。大袈裟かもしれないけれど、それはぼくにとって衝撃的なニュースだった。

昨年、建て替えのため取り壊された、焼き鳥店「いせや公園店」。井の頭公園の入り口にあり、立ち上る煙と香り、木造店舗は吉祥寺の「顔」だった。この跡地を発掘したら、なんと約一万五〇〇〇年前の「焼き場」が見つかった。（中略）

店の周辺は井の頭池遺跡群と呼ばれ、埋蔵文化財包蔵地に指定されている。跡地を武蔵野市教育委員会が試掘したところ、遺構などが確認され、昨年一〇～一二月に発掘調査をした。

市教委によると、旧石器時代のものと考えられる「礫群」が四基発見された。拳ほどの大きさの石が集まっている遺構で、火を使った調理場だとみられている。焼けたような石や炭化物も出土。石をたき火で熱し、動物の肉を焼いたり蒸したりしていたらしい。

「いせやのあった場所で、旧石器時代からバーベキューをしていたみたいです。当時もおいしかったはず」と話すのは市教委の文化財指導員、紺野京さん。店で焼き鳥を絶え間なく焼いていた店頭付近から出土が集中していて、大昔から「焼き場」の好位置だったようなのだ。（「朝日新聞」二〇一三年一月一〇日付）

「いせや」は吉祥寺近辺の住人であれば、まず知らない人はいないという有名店だ。ぼくにとっても行きつけの酒場のひとつだし、井の頭公園周辺はいわば自分にとって生活圏の一部でもある。

その新聞記事によると、多くの飲んべえたちが熱い眼差しを注ぐ「いせや」の焼き場、鶏肉がモクモクと美味しそうに煙をあげているその場所で、一万五〇〇〇年前もの昔、当時の住人たちが同じようにケモノの肉を焼いて食していたというのだ。同じ記事のなかで市教委の文化財指導員の方は「井の頭池という水場から近く、なおかつ日当たりのいい高台ということもあって、現在いせやのある場所に住居を構えていたのではないか」としているけれど、それにしても、一万五〇〇〇年もの時間を隔てた人間たちがまったく同じ場所を焼き場に選ぶというのはいったいどういうことなのだろうか。同店がオープンした昭和三五年（一九六〇年）当時の責任者が、超人的なまでの野性的感覚を兼ね備えた人物だったのか。もしくは人間の直感なんて一万五〇〇〇年を経てもたいして変わらないということなのか。なぜそんなことが起きるのか、ぼくにはさっぱり理解できないけれど、古代と現代が焼き鳥の串で（文字どおり）串刺しにされてしまうなんて、なんともいえず痛快な話ではないか。

ごくありふれた日常と旧石器時代が突如連結されてしまったかのようなこのニュースに触れて以来、好奇心を刺激されたぼくは自分の住む町のことを少しずつ調べ始めるようになった。

「いせや」のすぐ近くに広がる井の頭池は、善福寺池（杉並区）および三宝寺池（練馬区）とともに「武蔵野三大湧水池」のひとつとされている。泉が湧く場所は古代からなんらかの聖地だったケースが多いそうだが、井の頭池周辺の農家は池のほとりの弁財天をこぞって詣《まい》り、降雨の霊力を持つとされる井の頭池の水を汲んでは「サンゲ、サンゲ、六根清浄」と唱えながら地元の田畑に撒いたという。つまり、井の頭池では雨乞いの儀式が行われていたのである。驚いたのは、井の頭ではこの儀式が昭和二〇年代まで行われていたということで、当時の写真も残っている。雨乞いなどという儀式がたった七、八十年前まで井の頭池で行われていたなんて！

また、井の頭池周辺には多くの伝説も残っている。とある娘が井の頭池のヌシである大蛇へと変貌してしまう民話など、蛇神にまつわる話がいくつもあるのがとてもおもしろい。そういえば、井の頭池の弁財天には顔は老人、身体はとぐろを巻いた蛇という宇賀神像が鎮座しているが、少々不気味な石像が井の頭池のほとりに建っているなんて、吉祥寺にやってくる観光客はほとんど知らないことだろう。いや、地元の人間でも知らない人は多いだろうし、実際にぼくもまた、信仰の地としての吉祥寺を掘り下げていくなかでその不気味な石像の存在に初めて気づかされたのだった。

そうやって遥か昔へと繋がる歴史の糸を手繰り寄せていくたび、目の前に広がる吉祥寺の風景が変わっていくようにぼくには思えた。観光客が押し寄せる町の風景の向こう側に、なんだか得体の知れない世界が広がっているような気がしてきたのである。

もちろん、吉祥寺だけが特別な場所だったわけではない。東京の多くの場所には、そのように神話めいた物語が存在する。ときには「いせや」の一件のように、妙な形で時空がねじ曲がって現代と古代が接続されてしまう場合だってあるだろう。

いわばそれらは異界へと繋がる日常の裂け目のようなものである。意識をせずに歩いているといると見過ごされてしまうものばかりだけれど、意識して歩くようになると、見慣れた東京の風景が突然違うものに見えてくる。そういう裂け目が東京中に存在していたことに、四〇歳を手前にしてぼくはようやく気づかされたのだ。

神社の鎮座する高台は古くからの聖地だったかもしれないし、ちょっとした窪地ではかつて雨乞いが行われていたかもしれない。ひょっとしたらアスファルトの下には大蛇が蠢いていて、高層ビルは天空の世界と直結しているんじゃないか。目の前の焼き鳥屋の下には「いせや」と同じように旧石器時代の遺跡があり、ぼくのような男がケモノの肉を乱暴に頬張っていたのではないか――。

ちょっとノイローゼ気味に思われるかもしれないけれど、ぼくのなかでは日常が突然ドラマチックに一変してしまったような感覚があって、つねに不思議な高揚感を覚えながら日々を過ごすようになった。それがまたなんとも楽しくて、毎日が自然と色彩豊かなものになっていったのである。

そうした日常を送るなか、ぼくは次第にこんな思いを持つようになった。

東京の「奥」をもっと見てみたい。自分の知らない東京に触れてみたい。

東京に生まれて約四〇年。ぼくは東京のことをあまりにも知らなすぎた。東京の「奥」に触れることで、ありふれた日常がいくらでもカラフルなものになることを実感していたぼくは、さらなる刺激を求めて東京の奥の奥へと足を踏み入れてみたくなったのである。

ただし、東京全体をなんのテーマもなく探るのはあまりにも漠然としすぎている。東京の神話世界や信仰の地を巡る研究書はいくらでもあるし、考古学や民俗学の学者でもないぼくが、同じような観点から東京を調査してもその成果はたかが知れているだろう。

どうせ東京の「奥」に触れるのであれば、他県との境界線付近、いわば東京の端っこだけを巡ってみるというのはどうだろうか？　県境とは行政的な理由によって機械的に線を引かれている場合もあれば、川や山といった地形的な境界線をそのままボーダーラインにしている場合もある。そこにあまり意味を持たないケースも多いわけだが、東京の端っこだけを巡ることで見えてくる東京の形とはどんなものなのだろう？　正直なところ、一部の地域を除いて今までほとんど縁のなかったエリアばかりだが、だからこそ、知らなかった「東京」に触れられるかもしれない。

また、史跡を訪ねたり郷土資料を掘り返すだけでなく、そうした地域に現在住む人々に話を聞くなかから何かを見いだすことはできないだろうか。

ここ数年、僕は祭りや盆踊りを追いかけて日本各地を旅する生活を続けている。そんななか、それぞれの土地の古老がポロッと重要なことを口にする場面に遭遇することがあった。それはときにサーヴィス精神からのホラ話のこともあったけれど、たとえホラ話であったとしても、研究者が書いた民俗資料にはない不思議な説得力をその言葉が持つことがあった。

事実なのかホラ話なのかわからない地域の話をいつか拾い集めてみたい。そこから立ち上がるもののなかに、その土地ならではの風土を嗅ぎ取ってみたい。ぼくのなかに眠っていたそんな気持ちがムクムクッと湧き上がってきて、いつのまにか抑えきれなくなっていた。

テーマは山、川、海、島という四つ。今回の旅において、都市部は基本的に通過する場にすぎない。取材を進めるなかで、ぼくは東京の周縁と都心部という中心が決して切り離せないものであり、なんらかのかたちで強く結びついていることを知るようになるのだが、それはともかく、そうやって徐々に「東京の奥」を巡る旅のルートと方法が浮かび上がってきた。

ぼくはこれから訪ねる地域のことを「奥東京」と定義してみた。二〇一〇年代以降、東京随一の繁華街である渋谷の周辺地域には個人経営の飲食店が増え、「奥渋谷」などとも呼ばれて注目を集めるようになったが、そのネーミングをパクらせていただいて「奥東京」。「オクトウキョー」と口に出してみると、案外語呂も悪くない。

二〇一七年春、そうやって「奥東京」に住む人々＝奥東京人を訪ねる旅がスタートした。

# I

# 東京の山

## 杣保の地に息づくもの

# 高度経済成長期に消えた「七ツ石の博打」（奥多摩町留浦）

「奥東京」を巡る旅を始める以上、まずは文字通り東京の「奥」をめざしたいと思う。東京の奥といえば、やっぱりここ。東京最西端に位置する奥多摩町だ。東京の総面積における約三分の一は森林が占めているが、その大部分は奥多摩町や隣接する青梅市、あきる野市、檜原村に集中している。奥多摩町のその先には山梨県が広がっており、紛れもない東京最奥の地である。

大館勇吉『奥多摩歴史散歩』によると、奥多摩という地名は「昭和の初め、日本百景選定のとき、この地の渓谷美を推賞される方々から『奥多摩渓谷』と名付けられてデビューしたのがそもそもの発端」。それまでは多摩川上流地方と呼ばれていたらしい。つまり、それほど古い名称ではないということになる。

奥多摩の中心をなすのは、人造湖である奥多摩湖。そして、その出口で水量を調整する役割を担う小河内《おごうち》ダムだ。

現在奥多摩湖が広がっている地域には、かつて小河内村という小さな村があった。その一角には南北朝時代から続く湯治場があって、「武田信玄のかくし湯」とも呼ばれていたという。昭和五年（一九三〇年）に小河内ダムの建設計画が立てられると、小河内村は段階

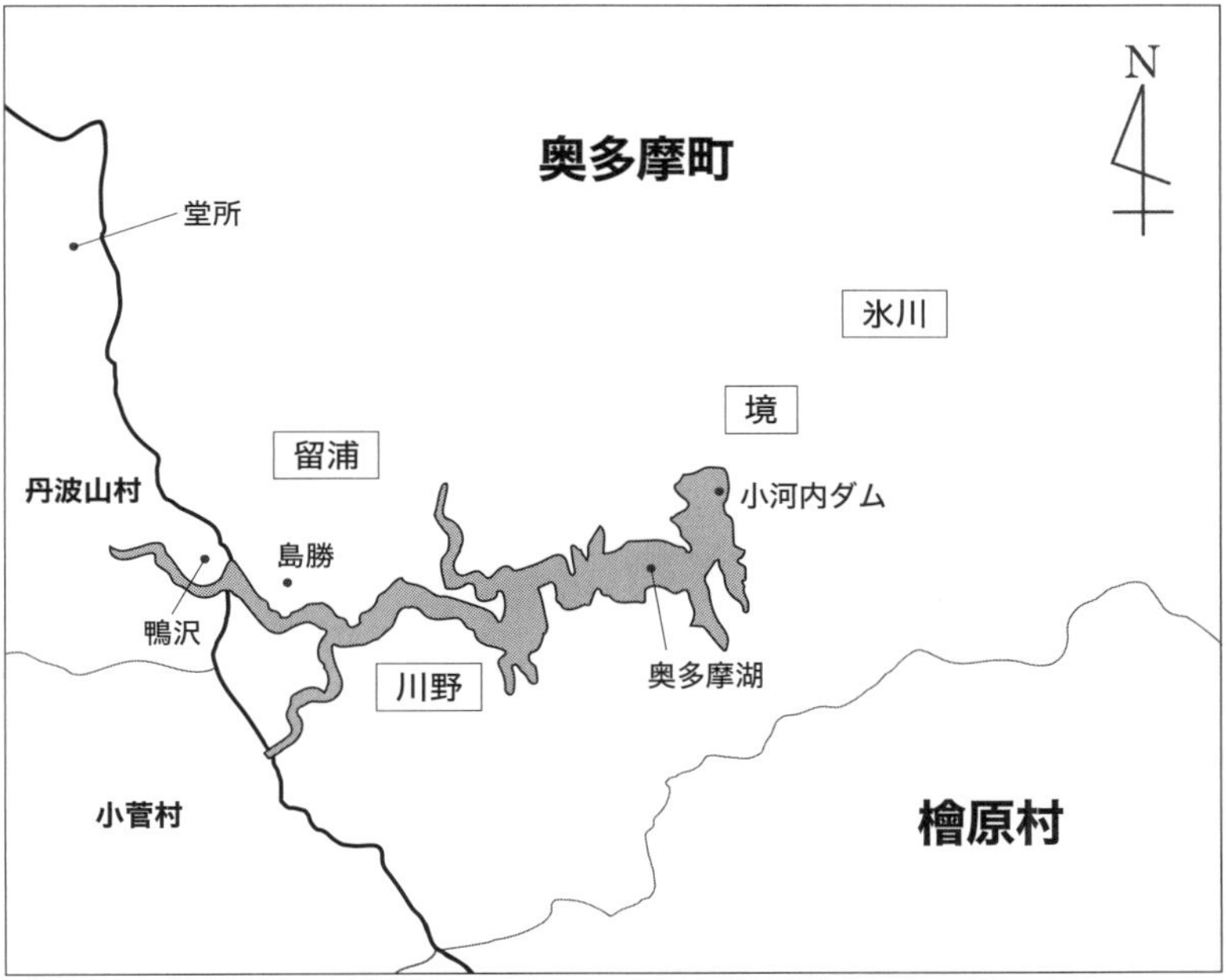


的に破壊されていき、昭和三二年（一九五七年）の小河内ダム完成によって完全にダムの底へと沈んでしまった。

そんな奥多摩湖のほとりで、「島勝」という食堂が長年営業を続けている。お店が立つのは、奥多摩町でも最西端に位置する留浦《とずら》という集落。しかも、「島勝」があるのは、その集落のなかでももっとも県境に近い場所だ。つまり、このお店は東京最西端の飲食店ということになる。

創業者は現在のご主人である島崎軍治さんの父、勝蔵さん。もともとはよろず屋として始まったそうで、それがのちに食堂となり、軍治さんと奥様の幸子さんご夫婦が一九七〇年代後半から店を引き継いで現在に至る。

ぼくはあるとき、島崎さんご夫妻の息子さんである勘さんと出会い、彼と奥多摩のとある酒場でビールを酌み交わすことになった。ベロベロに酔っていたから詳しいことは覚えていないけれど、勘さんの実家は東京最西端で食堂を営んでいるという話だった。

その後、勘さんと何度かメールを交わすなかで、ぼくは彼からとても興味深い話を聞いた。それは勘さんのお父さまである軍治さんが若かりし頃に目撃したという、奥多摩のとある風習のことで、いくら郷土資料を掘り返してもどこにも記載されていないものだった。

ある日、ぼくはその話をどうしても聞きたくなり、勘さんがいう「東京でいちばん端っこの店」を訪れることになったというわけである。

——店先にかけられた暖簾をくぐると、昼食どきとしてはいくらか遅めの時間帯にもかかわらず、先客が数組。美味しそうにとろろめしをかきこんでいた。

「はい、いらっしゃい」

椅子に座ると、使い込まれたエプロンをつけた軍治さんが温かいお茶を運んでくれた。ぼくは自分が取材を申し込んでいた者であることを告げ、忙しい週末に時間を割いていただいたことを詫びた。

「ああ、はいはい。あの件はね、あんまり話したくなかったんだよ。まあ、どんな話ができるかわからないけど」

「すいません。とりあえず、とろろめし定食をふたついただけますか。ランチタイムが落ち着いてからお話を聞かせてください」

「はいはい。とろろめし定食ふたつね」

その口調はとても柔らかいもので、ぼくは瞬時のうちに親戚のウチにやってきたような感覚になった。

しばらくすると、軍治さんがとろろめし定食を運んできてくれた。メインディッシュであるとろろの鉢を囲むように、野菜の煮物や和え物の小鉢が五つ。なかでもひときわ目をひくコンニャクを口に運ぶと、コリコリとした食感と豊かな風味が広がった。どの料理も丁寧に作られたことがわかるものばかりで、先客たちがみな美味しそうな表情をしていた理由がわかった。

ランチタイムが終わり、ひとりまたひとりと客が帰っていくと、店内には山間の集落らしい深い静寂が少しずつ満ちていった。目の前を国道四一一号（青梅街道）が走っているため、ツーリング中のバイクの一団や観光客を乗せた車がひっきりなしに行き交うものの、エンジン音が鳴り止むと、聴こえてくるのは鳥の鳴き声ぐらいだ。

小河内ダムの建設にあたっては、多くの世帯が移住を余儀なくされた。その数、実に九四五世帯。軍治さん一家ももともとは小河内村の川野という集落に住んでいたが、父である勝蔵さんの実家があった氷川へ移住。その後、現在の留浦へと移った。九四五世帯のなかにはそのように奥多摩の他の集落に移った一家が多かったが、青梅のような市街地や他県へ移り住んだ世帯も少なくなかった。

小河内村はダムの完成を前にした昭和二六年（一九五一年）九月に解村式が行われ、昭和三〇年（一九五五年）には氷川町、古里村《こりむら》と合併して奥多摩町が発足。その際、地名としての小河内は消え去ったが、いまもこの一帯に住む人々の多くがここのことを「小河内」と呼ぶ。

ダム建設以前の小河内のことは、いくつかの郷土資料に記されている。なかでももっとも詳細なのは、小河内ダム竣工三〇周年記念として発行された『湖底の故郷』という本。これを見ると、かつての小河内には川沿いに集落が連なっており、それらが軒並み湖の底に沈んでしまったことがわかる。上流から数えて、留浦、小留浦《ことずら》、川野、青木、すそおり、麦山《むぎやま》、本田、岫沢《くきざわ》、日指《ひさし》、ぞうざす、河内、南、湯場、原、出野、熱海。

軍治さんが育った川野の地図を見ると、エビスヤ旅館、とうふや、みよしや、氷川屋、まんじゅうやという文字が書き込まれている。川沿いには水車があり、軍治さんのお父さ

んである勝蔵さんの名前も書かれている。当時の島崎家だ。山沿いには浄光院や川上神社のほか、山の神も記されていて、集落を見下ろす位置にこうした寺社が立ち並んでいたことがわかる。ひっそりと静まり返る現在の小河内からはちょっとイメージしにくい賑やかさだ。

**島崎軍治さん**「ダムができたときは中学一年だったんだけど、そのころは湖でよく泳いでた。昼間に泳いでるところを見つかると怒られるから、こっそり夜に泳いだり。ちょっと薄気味悪かったけどね（笑）。橋の欄干によじ登ったり、そういうことをして遊んでた」

仕事がひと段落した軍治さんが話し始める。目の前には幸子さんが淹れてくれたコーヒー。水がいいこともあるのか、コーヒーもとても美味しく感じる。

「そういえば、さきほどいただいたコンニャク、とても美味しいですね。普段食べているものと風味がぜんぜん違うので驚きました」

ぼくがそう伝えると、幸子さんは「あはは、ありがとうございます」と明るく笑ったあとに、こう続けた。

**島崎幸子さん**「コンニャクはウチの畑で採れた生の芋から作ってるんです。手間？　慣れちゃえばどうってことないんですよ。手がかぶれちゃうから、本当は手袋をしないといけないんですけど、私は素手で全然平気(笑)。このへんは坂の畑だから水はけがよくて、硬いお芋ができるみたいで。ダムができる前から出荷していたそうですよ」

コンニャク芋やワサビはかつてこの地域の主要農作物だった。ただし、農作地は限られていたため、多くの村民は日陰に家を建て、日のあたる場所を農作地にしたという。現代の感覚からするとちょっと考えられないが、日中はほとんど屋外で畑仕事や山仕事をしていたため、それでも支障がなかったらしい。当時の村民たちの生活ぶりを偲ばせるエピソードだ。

また、江戸時代から昭和三〇年代なかばまでは木炭生産、つまり山に入って行われる炭焼きがこの地の経済を支えていた。当時は山から白煙があがる光景がよく見られたそうだが、エネルギー産業の中心が炭から電気・ガスへと移行するにあたり、奥多摩の炭焼き産業も衰退。現在では完全に途絶えてしまった。

『聞き書 東京の食事』には、当時の奥多摩の生活がこう描写されている。

男たちは十一月末から山に入って炭を焼き、翌年の三、四月まで続ける。炭は一日三俵山から下ろし、毎日二俵を背負いで集荷場へ出す。一俵は山入りできない日のために家へ置く。その炭俵編みは女と年寄りの仕事となる。冬越し用の薪が軒下に三山ほど蓄えられるが、いろりや日々の燃やし木のため、女たちはせっせと薪ひろいにも精を出す。（『聞き書　東京の食事』）

こうした山仕事に加え、養蚕も人々の生活を支えた。大館勇吉『奥多摩歴史散歩』によると、「山村民にとって養蚕は最高の換金産業で、大正時代以降の繭糸《けんし》景気によって山村民の生活水準が向上した」らしい。昭和初期までは盛んに行われていた養蚕もまた、現在ではすっかり途絶えてしまった。軍治さんはこう話す。

**島崎軍治さん**「湖ができる前までは、みんな畑で自給自足の生活をしていたんだね。山仕事をしてる人も多かった。当時は木材の価値があったから、山仕事をした帰りに一本担いでくれば日当になった。それぐらい山の価値があったから、みんな山の手入れもしていたんだろうね。木材の価値が下がってしまった今では、自分のお金を使って山の手入れをする人がいなくて、補助金をもらってやるものになってしまった。昔は雪で折れた木を起こすのに、人を大勢使っていた。昔はそれでも採算がとれた。でも人工林は、手入れをしないと下草も生えなくなって保水力が下がって洪水になりやすくなるし、花粉も出る。人工林は人の手をかけないとだめなんだね。山を持ってる人は『えらい時代になったもんだ』と言ってる。昔は山は宝だったから」

空が赤く染まった夕暮れ、浅黒い肌の若者が一本の木材を担いで悠々と歩いてくる光景をぼくは想像してみる。今日の仕事はもう終わり。明日も朝から山に入らないといけないけれど、眠りにつく前に風呂で汗を流し、団子汁でもかきこむか。きっとそんな男の帰りを待つ女もいただろうし、小さな子供たちもいたことだろう。

ところで――。ぼくは勘さんから聞いていた「とある話」について切り出した。「あの件はね、あんまり話したくなかったんだよ」と話していた軍治さんは、その言葉を忘れてしまったかのように勢いよく話し始めた。

**島崎軍治さん**「ここから山のなかを一時間ちょっと歩いたところに堂所《どうどころ》というところがあって、昔からそこで博打が行われていたの。わたしも少し興味があったもんで、当時の先輩に連れていってもらった。昭和三八、九年だったかな」

「七ツ石の博打」のことはぼくも耳にしていた。東京と山梨の県境の山道にある神社の一角で、男たちが集まって密かに博打をやっていたという噂を。

堂所は、鴨沢集落にある雲取山への登山口を入り、小袖乗越《こそでのっこし》から約一時間ほど歩いたところにあるちょっとした広場。現在では登山道の分岐点にすぎず、そのまま北へ歩き続けると標高一七五七メートルの七ツ石山に至る。山頂にあるのは、奥多摩石尾根縦走路の起点となる七ツ石小屋と七ツ石神社の社殿。現在堂所を通過する人のほとんどが、この七ツ石山かその先にそびえ立つ雲取山をめざす登山客である。

かつての男たちは集落から逃れるように堂所に集まり、博打に精を出していたという。しかも、軍治さんによるとそうした風習は昭和三〇年代後半（一九六〇年代前半）まで行われていたそうで、ぼくはそのことにも驚かされた。都心部では東京オリンピックが開催され、急激に町の風景が変わりつつあった時代、山村の人々はわざわざ山道を数時間歩き、集落の人々から隠れるように博打に精を出していたのである。江戸時代ならともかく、高度経済成長期の東京でそんなことが行われていたという事実に、なんだか胸の奥がザワザワしてくるような感覚があった。

小倉美恵子『オオカミの護符』のなかで、山村における博打の習慣について書かれた一節がある。小倉は「関東の山々の世界は侠客博徒を多く輩出した土地柄でもある」と書いたうえで、幸田露伴の随筆『侠客の種類』を引きながらこう書いている。

「博徒の非常に横行する処には必ず有名な山がある。常陸には筑波山、上総には鹿野山、上州には榛名、赤城、野州には日光、甲州には山が至る処にある」と続き、山の上には山神があるのみではなく、格好な賭場の開かれる地であると書いている。山の神の祭日に大賭場が開かれ、地方在住の博徒の親分子分ばかりか、素人すなわち「客人」が大金を馬につけて運んできて、賭博を試みるのを楽しみにしていたと記している。（『オオカミの護符』）

小倉および幸田露伴が書いている侠客とは、昭和に入ってからの話ではない。幸田の『侠客の種類』自体が明治四四年（一九一一年）に書かれたものであり、同書で言及されている侠客は明治以前の男たちのことを指している。

侠客たちが集まる場所ということは、そこが町中の法や倫理から自由な場所であることも意味している。網野善彦は『無縁・公界・楽』のなかで、そうした山間のアジール（無縁地帯）が中世の時代から罪を犯した者や何らかの理由で追われる者たちが逃げ込む場所であったたとしている。山林の一部は聖地であって、法や倫理の及ばない場所でもあったわけだ。七ツ石の博打とは、中世にまでさかのぼることができるそうした無縁地帯が、東京オリンピックの時代まで奥多摩に残っていたということを示している。

少々余談を。昭和二六年（一九五一年）から昭和三〇年（一九五五年）ごろにかけて、武装闘争による革命をめざす共産党の若者たちが小河内の地に入り、奥多摩山村工作隊を名乗って活動していた時期があった。農村を拠点としていた中国共産党に対し、彼らは山岳部から社会変革をめざしていたわけだが、さしたる成果をあげることなく解体した。話によると、この奥多摩山村工作隊は小河内ダムの反対運動を支援するというミッションもあったという。

また、昭和四四年（一九六九年）には、奥多摩町から西に向かった山梨県甲州市塩山で「大菩薩峠事件」が起きている。これは赤軍派を中心とした五三人が、首相官邸および警視庁を襲撃するための武装訓練を行うべく同地の山小屋に潜伏。全員が現行犯逮捕された事件のこと。

山中に革命をめざす（少々怪しげな）若者たちが潜伏できるほど、奥多摩から山梨にかけての山は深い。そりゃ古い時代にはいろんな連中がうろつくわけである。

話を戻そう。七ツ石の博打のことは、いくら奥多摩の郷土資料を掘り起こしてみても、どこにも書かれてはいなかった。集落の人々にとっては決して誇るべき歴史などではないし、語り継がれるものでもないだろう。軍治さんが「あまり話したくなかった」のも無理はないことだ。だが、軍治さんは取材テープをまわし始めた瞬間からそのことを話しだしたのである。しかも実に生き生きと、まるで昨日のことのように。

**島崎軍治さん**「昔はそのスジの人がたくさん来て本格的にやってたって話を聞いたことがあるけど、当時はあくまでも集落の人たちの娯楽。お金がかかってるもんだからみんな熱くなっちゃって、すっからかんになってた人もいたね。そういう人は少し稼いだ人に自分の時計を預けていくらか融通してもらってた（笑）。毎年一〇月一七日に集まってたけど、七ツ石神社か何かのお祭りだったんじゃないかな」

『奥多摩町誌資料集4』には「むかし、山の神の日（毎月一七日）には山仕事をするものではないといわれていた」と書かれている。また、東京学芸大学民俗学研究会の小菅村に関する調査報告書にはこんなことも記されている。

毎月一七日が山の神の祭の日で、一月一七日が春の山の神様、一〇月一七日が秋の山の神様。山仕事をする人はこの両日か三月一七日と一月一七日、または二一日の年二回を山の神の祭としたが、その際にそば粉で作ったオカラクを供える。それを生木に供えると山の神が自分の木だと思い、不思議なことが起るので、切り株か枝を切って地面にさして供える。

（『調査報告　山梨県北都留郡小菅村長作　茨城県真壁郡大和村本木茂賀坪』）

七ツ石の博打は山の神様に関する祭礼と関連していたのだろう。そうした博打がいつごろから行われていたかははっきりとしないが、神社の一角で博打が行われるケースは全国的によくあるもので、七ツ石の博打もそのひとつだったわけだ。

戦国時代、この一帯は武州北条領と甲州武田領の軍事境界線であり、現在の奥多摩町側では杉田氏率いる小河内衆が民兵となって小菅氏と対峙していた。その境界線は現在、東京都と山梨県の県境となっているわけだが、そうしたボーダーラインをまたぐように、深い深い「山の世界」が広がっていた。バイクと車が疾走する青梅街道が主要道路となった現在の光景からは想像しにくいけれど、かつてはその山の世界を険しい山道がいくつも通っていて、各集落はその山道を通じて網の目のように繋がっていたわけだ。

そうした山の世界において、七ツ石は東京側の小河内と山梨県側の丹波山村のクロッシングポイントでもあったのだろう。七ツ石の博打にも丹波山村と小河内の各集落から人々がやってきたほか、はるばる青梅から足を延ばした人もいたらしい。

**島崎軍治さん**「当時も（博打が）違法だってことはみんなわかってた。だから、もしも警察の手入れがあるようだったら、鉄砲で知らせてくれることになってたっていう話は聞いたことがある。警察がきたぞ、ズトン！って（笑）。なかには猟師もいるから鉄砲があるの。聞くところによると、確率的には半よりも丁の目のほうが一割五分ぐらい多く出るそうで、シロウトは丁を張ったほうがいいと。サイコロの出目はぜんぶで二一通りあるんだけど、偶数が一二、奇数が九なんだね。花札やチンチロリンもやってたかな。でも、大勢でやるときはやっぱりサイコロ博打だね」

小河内は山梨県側の塩山（山梨県甲州市）との交流も盛んだったらしい。塩山には戦国時代から江戸時代前期まで栄えた黒川金山があり、経済的にも豊かな場所。かたや小河内には遠く江戸にまでその名を轟かす鶴の湯温泉があった。

大菩薩峠にある無人小屋では両村民の間で物々交換が行われていたらしい。おそらく七ツ石での笑い話もこの小屋でシェアされていたのだろう。「そうそう、聞いた？　こないだの七ツ石で川野のあいつがさあ……」——誰かの失敗談はいつだって最高の笑い話になる。それは今も昔も変わらない。


軍治さんが訪れた直後に博打の風習は途絶えたという。違法賭博に対する風当たりが強くなってきたこともあったのだろうが、一番大きかったのは人々の暮らしが変わったことだ。わざわざ山道を何時間も歩かずとも、青梅のような街中に出ればいくらでも娯楽があった。住まい自体を都心や郊外へと移す者も増えた。そうして山間のアジールは歴史の向こう側にひっそりと消えていったのである。

ぼくは島崎夫妻のお話に耳を傾けながら、幸子さんが淹れてくださった二杯目のコーヒーをいただいている。かつてはこのあたりにも飲食店が数軒あったが、今は「島勝」だけになった。少しずつ日が傾き始め、小河内に夕刻がやってきた。

## 東京のマチュピチュ、峰集落の暮らし（奥多摩町峰谷地区）

小河内には東京でもっとも標高の高い集落がある。それが峰という小さな集落だ。標高は最高地で九七〇メートル、最低地でも六七〇メートル。そう聞くとそれほど高く感じないかもしれないけれど、初めて峰にお邪魔したときには本当に驚いた。

峰に行くには、まず奥多摩湖に流れ込む峰谷川沿いの道を上流に向かって進むことになる。道沿いには青梅警察署の川野駐在所や旧小河内小・中学校、普門寺、それに小さな商店もあるから、この段階ではそれほど奥地に足を踏み入れたような感覚はない。

だが、それらを越え、西東京バスの終点にあたる「峰谷」のバス停横から始まる急勾配の道へ入ると、空気が一変する。きちんと舗装されているので登山道というわけではないが、急勾配具合は「こんな道、車で走っていいの？」と不安になってしまうほど。我が家の軽自動車のエンジンから「ぼくはこんなトンでもない道を走るように作られてないんです、勘弁してくださいよ」と泣きが入る。

幾度となく急なカーブを越えると、天空の集落、峰にようやく到着である。集落といえども平地があるわけではなく、山肌に家々が点々と張り付いている。ここまでの道中の険しさを考えると、思っていた以上に家屋が多くて驚かされるが、平成二七年の住民基本台帳によると、峰を含む峰谷自治会の世帯数は五六世帯、人口は一〇〇人。その多くが麓に集中しているだけで、峰の世帯数は決して多くない。

ぼくはふと、一〇年以上前に訪れたペルーのマチュピチュのことを思い出した。スペインの魔の手から逃れたインカ帝国の文化がかろうじて残った山間の空中都市、マチュピチュ。小河内ダムの建設によって小河内の多くの集落が水没するなか、峰に加え「下り」「奥」という三つの集落は、山間に位置していたため辛うじて水没を免れた。マチュピチュに現在もインカ帝国時代の遺跡が残っているように、峰をはじめとする三つの集落には、ダムの建設によって途切れてしまった小河内の時間が現在も刻み続けられている。

峰の集落には峰生活改善センターという集会所があるが、ここには以前、宝福寺という寺があった。開基や沿革等は不明だそうだが、本尊の薬師如来像の台座には「天文三甲午年九月時正」と記されているという。これはつまり、戦国時代にあたる天文三年（一五三四年）にこの薬師如来像が作られたことを意味している。峰にいつごろから人が住み始めたのかははっきりとしないが、寺があったということは、少なくともそのころには一定数の村民がいたと考えられるだろう。

『湖底の故郷』に掲載された昭和一〇年（一九三五年）ごろの地図によると、宝福寺を集落の中心とし、山肌に張り付くように茅葺き屋根の家が点在していたようだ。もちろん今は

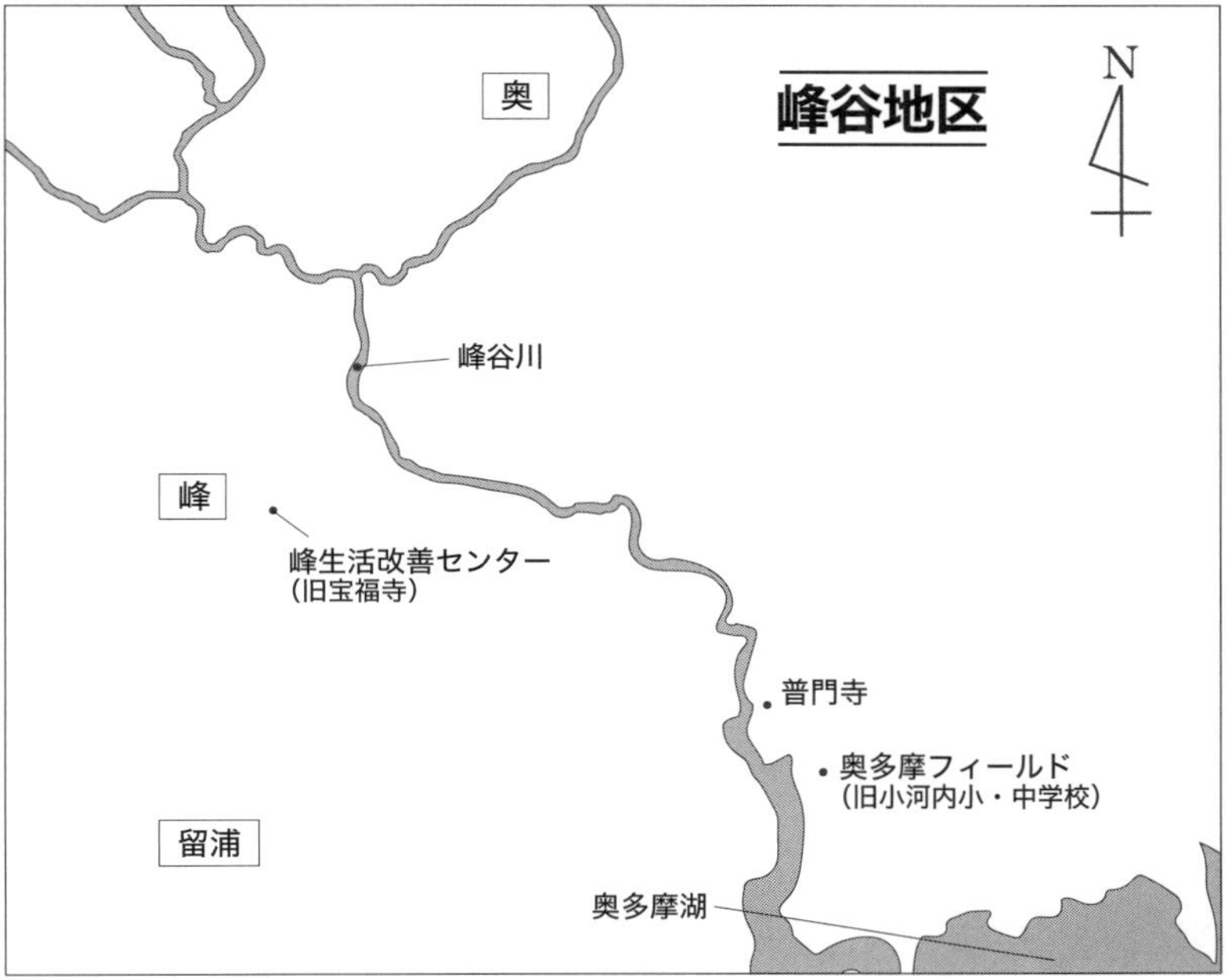


もう茅葺き屋根の家はないけれど、その風景は当時とさほど変わらない。

まさに東京のマチュピチュ。そんな峰で生まれ育った酒井卓真さんにお話を伺ったのは、二〇一七年春のことだった。

酒井さんは二〇一四年に設立された小河内の町おこし団体「Ogouchi Banban Company（以下ＯＢＣ）」の代表を務める人物。ＯＢＣは廃校となった小河内小・中学校の跡地を利用した夏祭り「小河内 Banban 祭」を主催するなど、若い世代から小河内を盛り上げていこうという団体で、中心となるのは小河内小・中学校の卒業生たち。先ほどから名前の出ている「島勝」の島崎さん夫妻のご子息、勘さんも中心メンバーのひとりだ。酒井さんはこのＯＢＣの代表を務めるほか、小河内のプロモーション映像の制作やイヴェントの音響、写真撮影やホームページの制作など、ＯＢＣの技術面での裏方を一手に担っている。

**酒井卓真さん**「単純にそういうことが好きなんですよ。なんでもやる裏方がいたほうがこういう団体は回りやすいですよね」

酒井さんはそう謙遜するが、ドローンを使いこなし、小河内の美しい風景をドラマチックに切り取る映像制作の腕前はまさにプロ級。ぼくもＯＢＣのホームページにアップされた写真や動画のクォリティーの高さに驚き、面識のない酒井さんに突然コンタクトを取ったのだった。

酒井さんと会うことになったのは旧小河内小学校の一部屋だった。二〇〇四年三月末をもって閉校となった同校の一部は現在、「奥多摩フィールド」という多目的スペースとして運営されている。映画の撮影で使用されることもあれば、イヴェント会場や企業の研修会場としても使われているそうだが、そんな奥多摩フィールドの一室――この部屋もまた、もともとは教室だった――がＯＢＣメンバーの溜まり場となっている。

写真提供:酒井卓真

酒井さんは昭和五五年（一九八〇年）生まれ。高齢化の進む峰のなかでは、奥様とお子さんを含む酒井家は唯一の若者一家である。

**酒井卓真さん**「このあたりは昔から林業や建設業に携わってる人が多かったみたいですね。ウチのおじいさんは土建屋をやってたんですけど、その前は炭を焼いてました。五、六年前までは趣味程度に炭焼きをやってたんですけど、今はやってる人もいなくなっちゃいましたね」

かつて奥多摩の一帯には、炭の生産で繁栄した村が点在していた。そのなかには鎌倉時代、秩父からやってきた人々が切り開いた村もあったというが、高度経済成長期以降、木材や炭の価値低下とともに過疎化が進行。多くの集落が廃村になってしまった。そう考えると、麓から車で数百メートルを駆け上がる山中に広がる峰にまだ集落が残っていることは奇跡にも思える。

酒井さんは専門学校卒業後に家業の土建業を継ぐが、「地域のインフラを守っても、人が減ったんじゃしょうがない。地域おこしに直接関わることができないかなと思って」小河内振興財団に就職。そこは地域の雇用を守るために作られた財団法人で、酒井さんは二〇〇六年に峰に設立された奥多摩町食肉処理加工施設「森林恵工房 峰」を運営するようになる。「森林恵工房 峰」は猟友会が駆除した鹿を加工し、市場に出荷するための施設。土建業と並行して副業として鹿肉の加工をやっていた酒井さんにとっては、とてもスムースな転職だったようだ。

なお、他県の山村同様、奥多摩でも鹿や猿、猪など野生鳥獣による農作物被害は年々深刻さを増している。峰からの帰り道、三匹ほどの猿が集落のなかを悠々と闊歩する光景を目の当たりにしたが、奥多摩でもまた、野生動物たちとの戦いは熾烈を極めているという。

**酒井卓真さん**　「猟友会は年間三五〇頭を捕獲目標として掲げてるそうなんですけど、最近は三五〇頭も獲れなくなってるんですよ。週に三日、奥多摩のあちこちで猟をやってるので、鹿も奥多摩は危ないと感づいてるんでしょうね。最近は埼玉や山梨の県境のほうへ逃げてるみたいで。僕も山に住んでて感じるんですけど、鹿を見る機会が減ってきましたね。猟友会の活動が成果をあげてるということだと思います。ただ、畑をやるうえで強敵なのは猪や猿のほうなんですよ。猪は畑を掘り返しちゃうし、猿はいくら柵を作っても、柵を飛び越えてカボチャを抱えて逃げていくんですね（笑）。猟友会の車を覚えて近づくだけで逃げるようになるし、本当に頭がいい。猿にはなかなか勝てないんですよ。だから、そういう猿や猪との戦いに疲れて畑をやめちゃう人も多いんですね」

小平の専門学校を卒業後、青梅に住みながら実家の土建業を手伝っていた酒井さんが小河内に戻ったのは、三〇歳を前にして結婚するタイミングだったという。その後ふたりのお子さんに恵まれ、故郷の峰にマイホームも建てた。

では、なぜ酒井さんは青梅から不便な峰へと戻ったのだろうか？　奥多摩世界への玄関口である青梅に住んでいれば、都心まで電車で一時間ほど。青梅はそれなりに大きな町でもあるので、生活に必要なものは大抵揃うし、便利さでいえば小河内の比ではない。同世代もほとんどいない小河内になぜ酒井さんは戻ろうと思ったのだろうか。

**酒井卓真さん**「もともと都心に行くこともほぼないんです。電車には一〇年以上乗ってないですし（笑）。あと、ウチは奥さんも奥集落の出身なので、自然と山に帰ることになったんですよね。奥さんが都心の出身だと山の生活は大変かもしれないけど、その点ウチは障害がなかった。『そろそろ山に帰るか』って感じ。むしろ親や周りの人たちに止められましたからね。『お前、本当に峰に家を建てるのか？　うれしいけどさ』って。峰にはひとり暮らしのお年寄りも多いんですけど、都心に住む子供のところに移らないで、峰に住み

続ける方も多い。冬は厳しいのでさすがにお子さんの家に移るんですけど、春になると帰ってくるんです。愛着があるんでしょうね。長年山で暮らしていると、都会のマンション生活はなかなか大変みたいで。山の生活についてネガティヴに考えている人は地元にも多いんですよ、『こんな辺鄙なところの生活なんて』って。親がそういうことを言い続けていると子供も自然と同じ考えになるし、地元に愛着も持ちにくいですよね。だから、外に出ていっちゃうんだと思う。ウチの親は絶対にそういうことを言わなかったんですよ。だから、ぼくも峰のことをネガティヴに捉えたことがなくて」

そろそろ山に帰るか。なんという気負いのなさだろうか。酒井さんは町おこしへの使命感に燃えて小河内に戻ったわけでもなければ、挫折感とともに故郷へ引きこもったわけでもなかった。なんの気負いもなく、ごく当然のように生まれた場所に戻ったのだ。

帰るべき場所があること――地元といえる場所を持たないまま育ったぼくにとっては、そのこと自体がとても羨ましく思えた。もちろん酒井さんのなかにはさまざまな思いがあるだろう。峰の生活すべてを肯定しているわけではないことは彼の言葉の端々に感じられたし、故郷に帰らざるを得ない事情もあったはずだ。だが、「そろそろ山に帰るか」という酒井さんの言葉には、与えられた環境をあるがままに受け入れ、そのなかに確かな幸福を見い出していくという、素朴な力強さが感じられた。

「奥集落まではだいたい車で三〇分ぐらいですね。一度麓に降りなきゃいけないんで、結構時間がかかるんですよ」

そう話す酒井さんの示す指先には、峰と同じようにいくつかの家々が山肌に張り付いている。峰と同じように小河内ダム建設の手を逃れた「奥集落」。奥多摩のなかのさらに「奥」というのだから、本当に奥深い場所に位置する集落である。

峰と奥は同じ峰谷地区に属する集落だが、峰から見ると、奥集落はほとんど蜃気楼のように揺らめく遥か彼方の山村といった雰囲気。ぼくは瞬間的に、マチュピチュの遺跡から眺めたワイナピチュという断崖絶壁の山のことを思い出していた。高所恐怖症であるぼくは登ることができなかったが、ワイナピチュから眺めるマチュピチュ遺跡はなかなか壮観だそうで、各国のツーリストがこぞってワイナピチュの山頂をめざす。峰・奥というふたつの集落のあいだには、アンデスの高地と同じ空気が漂っている。

伝承によると、かつてこの集落には平家の落人が逃げ込み、村人の防火、防災、防疫等の祈願を行ったことがあるという。その功績を後世に残すために創建されたのが、奥の小高い尾根にある籠守神社。平家の落人伝承が残る地は日本各地に星の数ほど存在するが、確かにここは追手から逃れるには最適の集落だろう。

峰から急勾配の坂を下り、麓に降りると、今度はまた別の山道を突き進んでいく。すると、先ほどと同じような急勾配の坂道がまた始まった。ウインウインと悲鳴をあげる車のエンジン。一歩間違えると断崖絶壁の山肌を転げ落ちてしまいそうな緊張感があり、一瞬たりとも気を抜けない。

そうやって坂道を登ること数分。奥集落最頂部に立つ一本の桜のもとに車を停め、ドアを開けた瞬間、そこに広がる光景にぼくは息を呑んだ。

春の奥多摩を訪れるのは初めてのことだった。都心では桜が散り始めていた時期だったが、奥多摩はまさに満開。奥集落はむせかえるような春の空気に満たされていた。寒い冬を耐え忍んだ生命力が一気に芽吹き、山鳥たちが競い合うように鳴き声を響かせている。山全体が笑っているような多幸感。祝祭感といってもいいかもしれない。

何度も繰り返すようだが、ここは東京だ。その東京の奥、奥多摩の奥集落には、生命の喜びが爆発していた。

狂い咲く桜の向こうに、酒井さんの住む峰の家々が小さく見えた。この集落に住む女性と、あの山向こうの集落に住む男性が恋に落ち、やがて山のなかに一軒の家を建て、幸せに暮らし始めたというのだから、まるでおとぎ話のような話である。二一世紀の東京でそんな素敵なラヴストーリーが繰り広げられていたことに、ぼくは少しばかり感動してしまった。

酒井さんが代表を務めるOBCの話にももう少し触れておかなくてはならない。OBCが設立されたのは二〇一四年五月。酒井さんはそれ以前から小河内の青年団に入り、町おこしに関わっていた。当時は中止されていた盆踊りを小河内小学校のグラウンドで復活させたり、渋柿を取って売りだしてみたりと、青年団時代から精力的に動いていたという。

**酒井卓真さん**「青年団といっても僕以外は四〇～六〇代の人たちなので、やっぱり思うようにいかない。歯がゆかったし、『自分と同じ年代でやれたら、もっといろんなことができるのに』と思ってましたね」

二〇一四年三月、酒井さんは手始めに奥多摩を盛り上げるためのご当地ソング「だべだべロック」を作る。パートナーは「島勝」の島崎夫妻のご子息である勘さんと、おくたま海沢ふれあい農園の堀隆雄さん。高校時代にバンドをやっていた酒井さんが楽器演奏や録音をこなし、作曲とヴォーカル担当は勘さん。録音は酒井さんの自宅で進められた。町おこしのためにまずはご当地ソングをホーム・レコーディングしてしまうあたりが新世代である。

そんななか、仕事中の酒井さんが雪の下敷きとなり、大怪我を負ってしまう。入院先に集まった勘さんたちは本格的な町おこし団体の創設を決意。それがOBCという団体になる。

OBCは人手不足などの理由から途絶えていた青年団主催の盆踊り大会を「小河内Banban祭」という名で復活。二〇一四年八月の第一回目には、奥多摩のブランドじゃがいも「治助」や鹿肉を使った料理を提供する出店が並んだほか、金魚すくいやくじ引きも出店した。メイン・イヴェントは、なんと勘さんのスペシャル・ライヴ。ふだんは奥多摩唯一の保育園で保育士を務める勘さんだけあって、ダンサーとなる子どもたちを従えたステージは大きな盛り上がりを見せたという。

その後OBCは続々と新曲を制作。酒井さんは「楽しいんですけど、自分たちでも何をやってるんだろうと思うこともあって」と笑うが、「地元をなんとかして盛り上げなくては」という悲壮感のようなものがあまり感じられないのがOBCのいいところだ。酒井さんや勘さんのキャラクターもあるのだろうが、YouTubeやドローンを活用しながら、自分たちも楽しみながら地元を盛り上げていこうとしている。その気負いのなさもOBCらしさだろう。

なお、ぼくが小河内を訪れた二〇一七年春の段階におけるOBCの最新プロジェクトは、酒井さんの自宅横に広がる畑を利用したホップの生産。お酒好きの勘さん行きつけの店でもある奥多摩駅前のビア・バー「Beer Cafe VERTERE」の協力を得て、小河内産のクラフト・ビールを作るのだという。酒井さんによると、ホップは茎にトゲが生えていることに加え、苦味が強いこともあって、鹿も猿も食べないらしい。獣害に悩む奥多摩にとってはこれ以上ない作物だ。

生まれた土地に住み続けること。土地と人が結びつきながら生きるということ。酒井さんや勘さんと会話するなかで、ぼくはそんなことを考えるようになっていた。そのとき、ぼくはふと「小河内 Banban 祭」に足を運んだ際のことを思い出す。

二〇一七年八月、その日は記録的な豪雨だった。当初、祭りは校庭で行われることになっていたものの、悪天候のため体育館へと舞台を移して開催されるということをツイッターで目にしていた。開催される以上は小河内へ向かってみよう——。そう考え、山梨での用事を済ませてから車で会場となる旧小河内小・中学校へ向かうことになったわけだが、その軽々しい決断によって、ぼくは恐ろしい目に遭うことになる。

日が落ちるころになると、雨はほとんど滝のような豪雨となった。山肌から濁流が溢れ、道路を流れる水が奥多摩湖へ川のように注ぎ込んでいる。前後を走る車は皆無。山梨側に戻るのも山道、青梅方面に抜けるのも山道。雷が轟き、山全体が怒り狂っているかのような恐ろしさである。あ、死ぬかも。最悪の事態が脳裏をかすめる。

そんななかで、ようやく旧小河内小・中学校へ到着した。ドロドロの校庭を抜け、まるで助けを求めるように体育館に飛び込むと、そこには外界とまったく異なる平和な光景が広がっていた。笑い声を発しながら走り回る子供たちとリラックスした表情で語らう大人たち。カメラを持った酒井さんが小走りで駆けていくので声をかけると、「あ、大石さん。楽しんでいってくださいね！」といつもどおりのにこやかな表情だ。

ぼくはそのとき、心底安心した。旧小河内小・中学校の体育館に広がる光景を見て、ぼくはそれまで感じたことのないような安堵感を覚えていたのである。

人はひとりで生きることはできない。農作業をするにしても山仕事をするにしても、かつてはその多くが集団作業によって行われていたわけだが、そうした日々の暮らしにおける実務だけではない。厳しい自然環境のなかであればなおさら、人は誰かの力を必要とし、集団を作ってその環境を乗り越えようとした。いわば精神的にも集団を必要としたのではないか。

人は誰かとともに生きることで、自分を凌駕する巨大な存在――たとえば巨大な山脈や無限に広がる海、目には見えない霊的存在など――にようやく対峙することができる。死の不安を解消し、生きる力を甦らせるために人はコミュニティーを必要としてきた。そんな気さえしてくる。

豪雨の小河内でぼくはズブ濡れになりながらそんなことを考えていたわけだが、そうやって考えていくと、酒井さんたちが今も小河内に住み続ける理由がわかる気がしてくるのだ。

## 奥多摩の民話と三匹獅子舞（奥多摩町氷川・境）

かつて奥多摩の地は「杣保《そまのほ》」と呼ばれていた。ソマノホ。こう書くとアフリカかどこかの町名のようだけれど、「杣」とは木材を切り出す山のことを指す。杣保とは国府造営のための木材を供給する場所、つまりは山林資源となった場所のことで、かつては各地にそうした場所が存在した。奥多摩もまた、そうした杣保の地だったという。

安藤精一『奥多摩歴史物語』によると、杣保という言葉が奥多摩の古文書に出てくるのは南北朝時代。木材供給地としての歴史は古代から始まるとされている。

また、この地からはヒノキなどの木材をはじめとして、鹿皮や太布《たふ》、麻の実、紫草《むらさき》、さまざまな薬草、漆、熊の胆などが国府へと送られたほか、多摩川上流地域一帯で取れる砂金もこの地の経済を支えた。木材の価値が下がる高度経済成長期まで、奥多摩の山々はまさに宝の山だったのだ。

また、奥多摩は不思議な民話の宝庫でもある。民話というと老婆が語る古臭い昔話というイメージを持つ方もいるかもしれないけれど、奥多摩のマジック・リアリズムとでもいおうか、日常と非日常の境界線をふわりと飛び越えてしまうような、現実と非現実がどろどろと溶け合った話がたくさん伝えられている。

具体的な話をいくつか挙げてみよう。たとえば、「奥多摩民話の会」編集による『おくたまの昔話』には、こんな話が載っている。

---

日原の長沢山に、わさびを作っている常右ヱ門という男がいた。わさび田に住む沢ガニを狙って猿が大暴れするものだから、あるとき常右ヱ門は田の端に天狗の面を吊るすことにした。次の日、常右ヱ門がわさび田に行ってみると、大勢の猿たち

に囲まれた一匹の猿が天狗の面を被り、得意げに踊り狂っていたという。常右ヱ門は困ったことだと思いながらも、猿たちの楽しげな様子に顔をほころばせていた。

（『おくたまの昔話　第二集』）

まあ、なんてことのない話ではある。だが、天狗の面を被った猿が得意げに踊っている光景のなんとも言えぬ滑稽さ、獣害をもたらす天敵に対しても顔をほころばせてしまう常右ヱ門さんの呑気さに、思わずこちらもクスリとしてしまう。

重要なのは、この小話の最後に「今でもそのあたりは、おどりくぼと呼ばれています」という一文が付け加えられることだ。「オドリクボ」という地名は日原《にっぱら》に実在するそうで（余談だが、オドリクボの近くには「キンタマクボ」というロクでもない名前の窪地もあるという）、その瞬間、フィクショナルな一面も強い昔話が突然、奇妙なリアリティーをもってぼくらの目の前に立ち上がる。もちろん、オドリクボで天狗の面を被った猿が実際に踊ったのかどうかはわからない。だが、こうしてひとつの物語が立ち上がるとき、ただの窪地が一匹の猿のためのステージと化し、奥多摩はドラマの舞台となる。現実と非現実の境目が曖昧になるこんな瞬間にぼくはゾクゾクとしてしまうのだ。

また、『おくたまの昔話』にはこんなドロドロとした話も載っている。

かつて三頭山《みとうさん》の風張峠《かざはりとうげ》に山姥が住んでいた。この付近を猟場とする新三・権三の兄弟が木の根元で寝ていると、「新三、権三よ、早く帰りなさい」という母の声で呼び起こされた。「こんな夜更けにおかしいぞ。山姥に違いない」と兄弟が構えると、老婆姿の怪物がふたりを睨みつけている。ふたりが矢を放つと、山姥は谷底へと転げ落ちていった。それからというもの、兄弟の住む集落では火災が起こるわ、疫病が流行るやら不審なことばかりが起きる。村民たちが巫女に頼んで占ってもらったところ、山姥の怨霊が「四十二の塚を作れば、怨霊として残るまい」という。そのため、村民たちは金御岳《かねみだけ》神社の下手に四十二の塚を作り、山姥を弔ったという。

（『おくたまの昔話　第二集』）

そして、この話もやはり、最後に「今も四十二塚という奇妙な地名が残っています」と付け加えられる。「四十二」という数字がなんとも意味ありげで、ちょっとした怪談のような怖さを感じないだろうか。道理や論理を越えたところにある恐怖。現実の土地に紐づけられているからこそ、その恐怖が現実味をもって迫ってくる。民話の持つ力を実感させられる瞬間だ。

奥多摩の場合、こうした民話は江戸時代後期から明治にかけて記録されたものが多いという。その多くはそれ以前よりさまざまな語り手によって伝えられてきたものだが、口伝ということもあって起源ははっきりとしない。

そんな民話を現代に伝える語り手がいると聞いて、ぼくは会いにいくことにした。その方のお名前は荒澤弘さん。JR青梅線に乗って終点の奥多摩駅に着き、駅から少し歩くと、多摩川沿いに「荒澤屋」の看板が見える。荒澤さんは明治四一年（一九〇八年）に創業したこの老舗旅館の三代目で、いまは息子さんが四代目を継いでいる。生まれは昭和一八年（一九四三年）。奥多摩湖を中心とする奥多摩最深部への玄関口、奥多摩町氷川地区のかつての光景を知るひとりだ。

荒澤さんはまた、先ほどから何度か引用している『おくたまの昔話』の編者のひとりでもある。この民話集は一九八七年から一九九〇年にかけて三冊が刊行されたが、荒澤さんはその後も民話の採集を続け、現在でも民話の語り部としての活動を続けている。

荒澤さんはダム景気で賑わっていたかつての奥多摩の姿をはっきりと記憶している。

**荒澤弘さん**「ダムの上の人たちはかわいそうな思いをしたけど、このあたりの人たちはダ

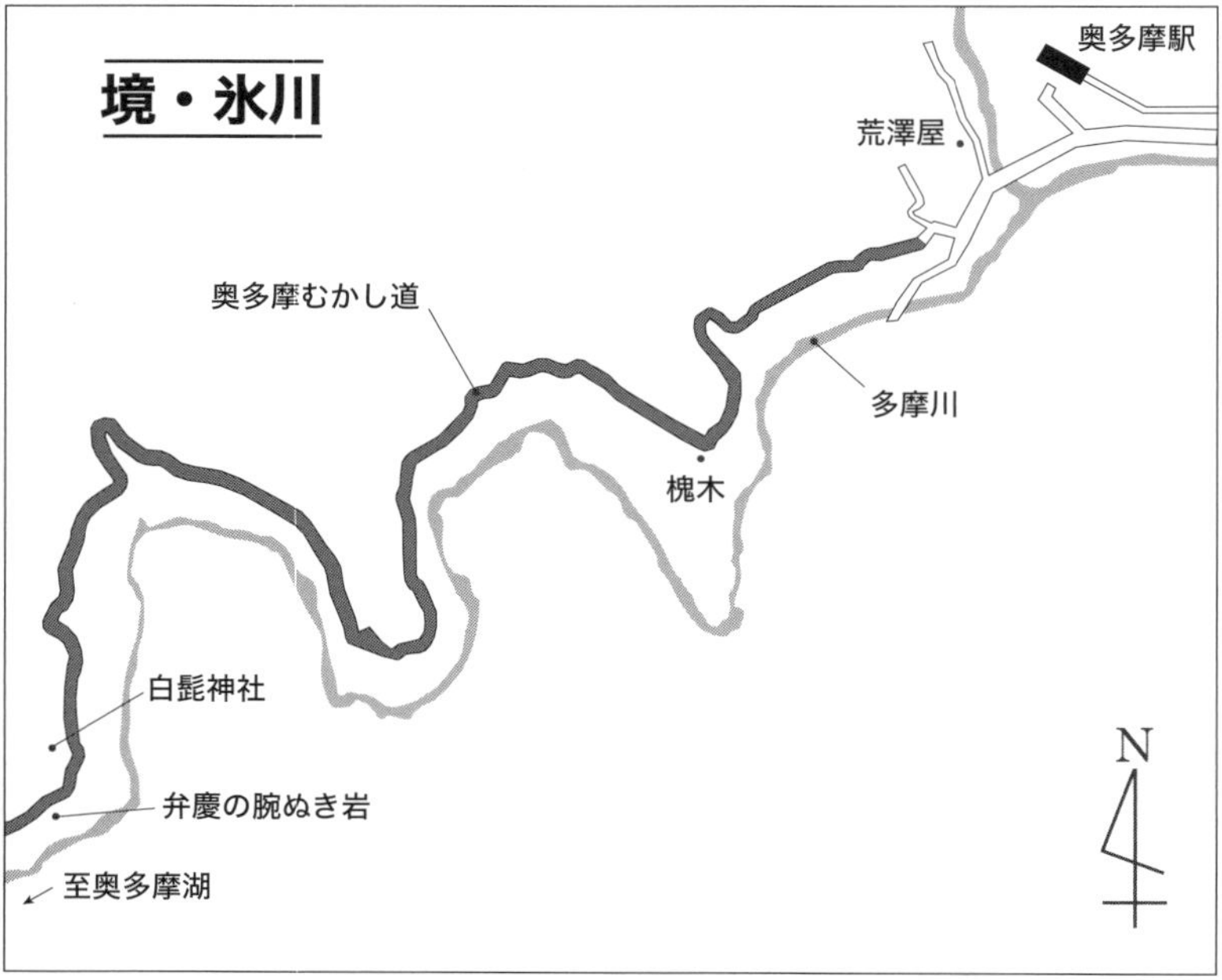


ム下景気でいちばん繁盛していたころ。ウチにも水道局の役人さんたちがやってきては宴会ばかりやってた。弁天橋の向こう川に置屋もあったからね。三味線が鳴っててね、本当に賑やかだった。『奥多摩音頭』や『つねなき峠』といった奥多摩の民謡を歌ったりね、あるいは……当時の流行歌。芸者さんが三味線を弾いたこともあった。勇ましい声で歌う人もいたね。その人はこのへんでも有名で、酔うと自慢話ばかりするの。『俺は東大を出てるんだ』って。それで『どんとどんとどんと……』（藤原義江「出船の港」）っていつも同じ歌を歌う。その声が聞こえてくると、『あ、また東大が来た』って（笑）。ただ、みんな東海林太郎の『湖底の故郷《ふるさと》』だけは歌わなかったね。悲しすぎて、酒の席で歌うものじゃな

いと」

荒澤さんが民話の採集を始めたのは三〇年以上前のこと。最初は民話に対して強い関心を持っていたわけではなく、知人に誘われるまま、ひょんな流れから採集を始めることになった。

当時四〇代前半だった荒澤さんは、すぐさまその摩訶不思議な世界に魅了されたという。

**荒澤弘さん**「最初は取材するのもイヤだったんだけど、行ってみると年寄りが優しくてね。あったかく迎えてくれて、すごくホッとした。あと、やってるうちにおもしろさが見えてきた。そのころはまだ民話を覚えてる人がたくさんいたし、なかには『この話の舞台がすぐ近くにあるから、連れていってやる』という人もいてね。西多摩郡は全部歩いた。奥多摩だけじゃなくて、檜原村も小菅、丹波山、もちろん青梅も。本（『おくたまの昔話』）を出したあとになって、民話に関する情報がさらに入ってくるようになったの。もったいないから、これは語っていくしかないかなと思ってね。取材のなかで出会った年寄りの言葉、訛りのあるあったかい言葉ね。あれは文字にしちゃうとなかなか伝わらないの」

「おもしろいね、このあたりの歴史は。おとぎ話じゃないからね」——荒澤さんのそんな言葉にぼくは大きく頷いた。そう、だからこそぼくは現実と非現実が交差する不思議な物語の宝庫、奥多摩までやってきたのだ。

**荒澤弘さん**「奥多摩には当然山の話も多いんだけど、川沿いを舞台とする話も多いんだよ。なかでも『渕』に関する話が多いね。七体渕《ななてえ》についての話もあった。死体が七体流れ着いた場所で、一度そこに入るとぐるぐる回って出てこないんだって。その場所もすぐ近くにあるよ。その下には、『おとよ渕』という場所もある。三人のおとよさんが身投げした場所で、それ以来、このへんでは『おとよ』という名前は縁起が悪いってみんなつけなくなった」

荒澤さんはそう話すと、ぼくが歩いてきた川のほうを指差した。川はなにかが流れ着き、溜まる場所でもある。いいものも悪いものもすべてが流れ込み、やがて大きな海へと注ぎ込んでいく。渕や窪に関する民話が多いのも、そこに沈殿するものの厚みゆえだろう。

荒澤さんは話を続ける。今度の話の主人公は、瞽女《ごぜ》と呼ばれる盲目の女性放浪芸人。高度経済成長期までは北陸を中心に広い範囲で三味線を抱えた瞽女たちが集落から集落を転々としていたが、荒澤さんの話では遠路はるばる奥多摩までやってきた瞽女もいたとい

う。

**荒澤弘さん**「鳩ノ巣のほうに今は廃村になってしまった集落があった。そこに向かって歩いていた瞽女さんが途中できこりと出会って、道を聞いたんだね。いたずら好きのきこりだったもんだから、目の見えないことをいいことに、とんでもない方向を教えちゃった。大沢釣り場の向こうにでっかい岩があるんだけど、瞽女さんはそこまで辿り着いて、岩のくぼみで雨風を凌ぐことになった。でも、朝になって死んじゃったそうなんだよね。いつの日かその岩は瞽女岩と呼ばれるようになって、今は御前岩《ごぜんいわ》という名前になってる。瞽女さんが来たぐらいだから、明治以前の話だろうね」

現在、この御前岩ではロッククライミングが行われているのだという。かつてその大岩のくぼみでひとりの瞽女が静かに息を引き取ったであろうことを知るクライマーは、もちろんいない。

荒澤さんが民話の採集を始めたころに話を聞いた老人たちは当時七、八〇代。今ではほとんどがこの世を去ってしまった。荒澤さんは「今年の春ごろどうしても聞きたいことがあってとある年寄りに電話したら、奥さんが出てきて『お父さん、もうボケちゃいましたよ』

だって。だからもう語れる人が全然いない。残しておいて本当に良かったと思うよ」と話し、少しだけ悲しそうに笑った。

摩訶不思議な民話に誘われるように、ぼくは何度か奥多摩の山中を歩き回った。ふだんは登山と無縁な生活をしていることもあって、決してハードな山登りをしたわけではない。せいぜい三、四時間で歩き終えることができるようなハイキングコースばかりではあるものの、それでも気づかされることがたくさんあった。

荒澤さんとお会いした後のある雨の日もまた、ぼくは「むかし道」という古道を歩いていた。氷川と小河内を結ぶ全行程約一〇キロほどのこの道は、現在の青梅街道が完成するまで塩山方面との交易を行う人々が行き交っていた古道のひとつ。この日は雨の降る平日ということもあって、四時間ほど歩くなかですれ違った登山客はわずかひとりかふたりぐらいだっただろうか。

人気のない山中というのは、たとえハイキングコースでも怖い。峰集落で猿の家族を見かけたこともあってか、ときたま見かける「熊に注意」という看板に怯え、背後でザザッと物音がしただけで慌てて振り返るありさま。そうやって小さなケモノの気配に怯えながら、ぼくはひとり古道を歩き続けた。

約一〇キロほどのむかし道の行程のなかでは、さまざまな信仰の痕跡を見つけることができる。歯痛がひどいときには煎った大豆を供え、痛みが通り過ぎることを祈念したという虫歯地蔵。旅人の守護神である道祖神や不動明王を祀る青目立不動尊。谷底へと落ちて命を落とした馬を供養した巌道《がんどう》の馬頭様。牛や馬の無事を祈った牛頭観音。弁慶が開けたといわれる丸い穴がシンボルとなっている弁慶の腕抜き岩――。

現実と神話と荒唐無稽な妄想がごちゃ混ぜになったそうした痕跡をひとつひとつ辿っていくのは、実に楽しい作業でもある。現実世界と伝承世界を二重写しにすることで、奥多摩の世界が立体的に立ち上がり、何気ない山間の景色は突如フルカラーに変貌する。そうした視点を自分のなかにインストールすることで、世界がいくらでも色鮮やかなものになっていくことをぼくは奥多摩で学んだ。

奥多摩町教育委員会が発行し、奥多摩民話の会が協力して制作された小冊子『奥多摩むかしみちの昔話』には、むかし道にまつわる「槐木《さいかちぎ》」という民話が綴られている。サイカチとはマメ科の一種。この民話で主役となるサイカチの木は、現在もむかし道の道中に実在している。少し長くなるけれど、とても魅力的な一編なのでそのまま引用させてもらおう。

わしは、氷川の宿から登りつめた峠に、どっしり根をおろす、さいかちの木じゃ。大むかしから、ここを通る村の衆のよい目印にされ、それでこの峠に槐木という名がつけられたようじゃ。

むかしはさびしい峠じゃったが、いつのころか、小河内方面の村の衆が背に炭をしょって、ここを登ってくるようになった。

若い娘が五、六人、一列になって登ってきては、よくわしの根元で休んだものじゃった。

娘たちが休むと、にぎやかなもので、村の若い衆のうわさ話や、氷川宿の店の話、おまつりや、お日まちの話など、絶えることがなく、それは楽しそうなもんじゃった。

それから道がよくなって、大八車が荷をたくさん積んで、登ってきた。

山から朝日が顔を出して、わしの向かいの地蔵さんの顔をポッと染めるころには、茶店のばあさまも店の仕度に大わらわじゃった。

棚に芋やまんじゅうが並べられ、そこらじゅうおいしそうなにおいがして、わしのいちばんごきげんなところじゃった。

こんなこともあった。

「わっしょい、それおせ、わっしょい」とおめでたい荷物が通った。花嫁道具を乗せた大八車じゃった。そのあとをまだうら若い嫁さまが不安顔で登ってくると、「おめでとう」と、ついわしは言ってしまうのじゃった。

また、遠く奉公に出る若者が、ここへ登って、もう一度ふるさとを振り返っては、涙ぐんでいたものじゃった。そして、何年かたち、立派になって、ふるさとへ戻ってくる若者を見るたび、わしもうれしかった。

それからだいぶたって、わしの立っているふもとに、新しい道ができると、この峠を通る衆もとんと少なくなった。

でも、わしはこの峠をいつまでも見守っていくつもりじゃよ。

（『奥多摩むかしみちの昔話』）

なんと美しい話だろうか。古いサイカチを通して変わりゆく村の風景が語られ、変わらないものへの愛着が綴られている。この話に魅せられていたこともあり、実際にむかし道を歩いていて本物のサイカチを目の当たりにしたときは、昔からの友人と再会したかのような不思議な感覚を覚えたものだった。

そんなむかし道の道すがらに、巨大な大岩を御神体とする白髭神社がある。切り立った大岩に対して寄り添うように神殿が立つその光景は、まるで神話の世界がそのまま目の前に現れたような神々しさがある。初めて訪れた際は圧倒された。

白髭神社は埼玉県日高町の高麗《こま》明神（高麗神社）を勧請《かんじょう》したもの。高麗明神の白髭大神信仰は朝鮮半島からやってきた渡来人が伝えたものとされるが、それが多摩川を逆流し、奥多摩の地に辿り着いた。白髭神社の本殿・境内はともにこぢんまりとしたものではあるものの、そうした歴史の積み重ねを実感させられるだけの重厚な雰囲気を持っている。

二〇一八年八月一六日、この白髭神社の境内で目の当たりにした三匹獅子舞のことを最後に触れてこの章を終わりにしたい。

三匹獅子舞とは文字どおり、三人ひと組になって舞う獅子舞のスタイル。それぞれに太鼓をつけ、それを叩きながら舞う。その舞はかなりダイナミックなもので、笛など囃子方による囃子も相まって、現代の目から見ても実にエンターテインメント性豊かな芸能だ。

この三匹獅子舞、東京では西部、なかでも古くからの山村や農村であった奥多摩町、檜原村、青梅市、あきる野市、八王子市で盛んに行われていて、なかでも奥多摩町は三匹獅子舞が特に盛んな地域である。神輿を担ぐための平地が少ないことから地域の芸能として発展した経緯もあるようだが、現在でも地区ごとに行われているほど三匹獅子舞の熱い土

地だ。

白髭神社で三匹獅子舞の参詣舞を奉納するのは、近隣の境という集落の住民たち。伝承では寛文元年（一六六一年）に鹿島から師匠を招いて伝授されたといわれ、獅子頭には「享保五年（一七二〇年）作」の刻銘があるらしい。少なくともここの三匹獅子舞は三〇〇年の歴史を持つわけだ。

朝八時すぎ、三匹獅子舞を先頭とする一団が白髭神社に向かうため集落を出発した。先述した峰集落ほどではないものの、境もまた、山間に張り付くように広がっていて、どことなくマチュピチュを思わせる集落だ。華やかな囃子を鳴り響かせながら集落を出発した一団は、ときたま立ち止まって三匹獅子舞を奉納しながら白髭神社へと歩みを進めていく。

ぼくはそうした光景を集落の入り口で見つめていた。数百メートルほど離れた山村で鮮やかな色彩が揺れ、かすかに囃子が聞こえてくる様は、まるで水平線のかなたに揺れる蜃気楼のようでもあった。民話のなかのワンシーンが実写化されたかのような、なんともいえぬ不思議な光景だ。現実と非現実の境界線がぼやけてくるような気がして、思わずぼくは目をこすった。

集落の入り口までやってきた三匹獅子舞の一団とともに、白髭神社へ向かう。三匹獅子舞は大岩の前で奉納を行うと、ふたたび集落に戻り、いくつもの演目をこなした。

ぼくはどこか狐に化かされたかのような気分のまま、そうした一連の流れを見つめていた。目の前の獅子がくるりと回転し、一匹の狐に戻ってしまうんじゃないか——そんな気さえした。いま思うと、奥多摩の摩訶不思議な世界に浸りすぎて、少しばかりおかしくなっていたのかもしれない。

奥多摩ではこうした三匹獅子舞が各集落で伝承されている。複雑でダイナミックな舞、集落ごとに異なる獅子頭、どこか神秘的な響きを持つ囃子。そんなすごい芸能が東京の奥地にあるということを、観光客はおろか、東京の住人たちも知らない。語れる人が減り姿を消しかけている民話とともに、実にもったいないことだと思う。

**参考文献：**


大館勇吉『奥多摩歴史散歩』（有峰書店新社）
『奥多摩町誌資料集４』（奥多摩町教育委員会）
『写真集 湖底の故郷』（奥多摩湖愛護会）
『聞き書 東京の食事』（農山漁村文化協会）
『奥多摩 山里歩き絵図』（奥多摩町観光産業課）
小倉美惠子『オオカミの護符』（新潮社）

網野善彦『無縁・公界・楽』（平凡社）
『調査報告 山梨県北都留郡小菅村長作／茨城県真壁郡大和村本木茂賀坪』（東京学芸大学民俗学研究会）
『Ogouchi Banban Company 活動報告書 Vol.1』（Ogouchi Banban Company）
安藤精一『奥多摩歴史物語』（百水社）
中村文明『多摩川源流部の沢・尾根・淵・滝・小字等の地名と由来に関する調査研究 奥多摩編』
『おくたまの昔話 第一～三集』（奥多摩民話の会）
『奥多摩——民俗芸能』（奥多摩町教育委員会）
『奥多摩むかしみちの昔話』（奥多摩町教育委員会）

# 2 東京の川

## 水と信仰の地

## 東京イーストサイドに棲む蛇神の伝説（葛飾区高砂）

前の章では東京の西の端を巡ってみたわけだが、この章ではその逆側、東側に目を向けてみよう。

東京の東端に位置するのは葛飾区と江戸川区だ。葛飾区は映画『男はつらいよ』で有名な柴又のあるところ。個人的には江戸川区に対して高齢者の多い地域という印象があったのだが、ウィキペディアによると平均年齢は二三区内でも指折りの低さだという。葛飾区は千葉県と埼玉県の両方に面しており、江戸川区東部の一部は千葉県に面している。

ちなみに、葛飾区や江戸川区というと、『男はつらいよ』などのイメージもあって下町の風景を想像する方もいらっしゃるかもしれないけれど、下町というと日本橋から京橋、神田あたりから墨田区および江東区を指し、厳密にいうと葛飾区と江戸川区は含まれない。このあたりはさまざまな見方があるし、ここではあまりその定義は重要なことではない。

ひとつ言えるのは、江戸幕府成立以降、現在の葛飾区と江戸川区にあたる東京（江戸）東端の地が、中心部をさまざまな面から支える近郊農村および郊外として形成されてきたということ。そして、江戸／東京の物語が語られる際、やはりこのエリアに伝えられてきた物語の多くが見過ごされてきたということだ。

東京の西部に住むぼくからすると、東部は同じ東京でも異国というか、まったく異なる文化圏という感じがする。足を運ぶたびに「お邪魔します」という気分にさせられるし、いまだにアウェイ感のようなものを感じてしまう。

たとえ東京スカイツリーのような近未来的な高層タワーが立ちはだかろうとも、その下にはいまだ古びた大衆酒場や町工場などが立ち並び、そのあいだに昭和の空気が吹き溜まりのように漂っている。編集者・写真家の都築響一が著書『東京右半分』で取り上げていたように、そのなかにはエゲつないほどの大衆的なエネルギーが満ち溢れていて、昨今、そのエネルギーと家賃・物価の安さに惹かれて多くの若者たちが東京右半分に移動しつつあり、ユニークなアートスポットなども増えている。

東京西部と東部の違いはもうひとつある。それは東京の東部が、大小の川が流れる「水の郷」であるということだ。杉浦日向子は「江戸はベニスと並ぶ水の都である」と書いていたが、それは江戸中心部から近郊東部へと広がる低地帯の話であって、武蔵野台地の広がる東京西部は河川の少ない乾燥した大地であった（そもそも江戸とは現在の東京都心部を中心とする一部の地域であって、東京西部は江戸には入らないわけだが）。そのため江戸幕府成立後には人口増加による飲料水不足が大きな問題となり、多摩川から野火止《のびどめ》用水や玉川上水を経由して各村へと水を引く大工事が行われた。それぐらい武蔵野は乾燥した土地だったのだ。

かたや東京東部はいくつもの河川によって区切られている。東京都と千葉県の県境となっているのが江戸川。また、荒川が江戸川区・葛飾区と墨田区・台東区を分け、隅田川が江東区・墨田区と台東区・中央区を分けている。このようにまるで切り分けられたパイのように河川によって境界線が引かれているのが東京都東部であり、それがこの地域の地形的な特徴となっている。

このあたりを車で走っていると、川を越えるごとに町の雰囲気がどんどん変わっていくのがよくわかる。官庁街や皇居の広がる中心部を抜け、隅田川を越えた江東区・墨田区はかつて町工場の並んでいた地域。錦糸町などいくつかの繁華街もどことなくがさつなエネルギーに満ち溢れている。そこからさらに東へ向かい、荒川を越えて江戸川区に入ると、町は工業地帯特有の埃っぽい空気にいくらか包み込まれ、にわかに千葉県のムードが濃くなってくる。西へ西へと車を走らせてもさほど風景が変化しない武蔵野の平野に慣れてしまうと、浅草あたりから車でたった三〇分走っただけで町の空気が一変してしまう東京東部は、やはり別の国という感じがするのだ。

そんな東京東部のなかでも今回は江戸川流域、つまりは東京最東端の地区に軸足を置いて話を進めてみよう。まずは江戸川の簡単な歴史から。

江戸川はもともと北関東を流れる渡良瀬川の下流にあたり、かつては太日川《ふといがわ》と呼ばれていた。渡良瀬川も含む利根川水系は蛇行を繰り返す複雑なものだったというが、長禄元年（一四五七年）には太田道灌が江戸城築城用の石材を運搬するため錯綜していた流路を治水によって整理。さらに家康の命により、本格的な治水工事が繰り返されることになる。その工事は壮大なもので、上流部にあたる関宿—金杉間を人工的に掘削するなどして、利根川と太日川を接続。寛永十八年（一六四一年）、なかば人工河川ともいえる江戸川が誕生した。

そうした治水工事により、江戸川は利根川を経由して銚子や霞ヶ浦、さらにはその先の東北各地と水路で繋がることになった。また、無数の水路が網目のように張り巡らされたことにより、江戸東部の広い範囲が耕作地となった。

ただし、そうした河川は物資を運ぶ重要なルートであると同時に、大雨などでひとたび氾濫すれば人々を呑み込む大蛇と化した。そのため近年まで水路や放水路の整備が繰り返されてきたわけだが、東京の東側はもともと海抜が低いエリア。水害の被害は深刻なものだった。

それゆえに人々は暴れる大蛇を鎮めるべく、水の神へと祈りを捧げてきた。大小の河川が張り巡らされた東京最東端のエリアにいくつもの水神社が祀られているのは、こうした理由からだ。舟運のニーズが減り、かつて東京の東側に広がっていた水田の多くが埋め立てられた現在となっては、水路の多くが暗渠となっている。だが、アスファルトを一枚剝がすと、かつてそこに存在していた湿地帯の記憶が噴出する。東京最東端の地は、そんな場所なのだ。

桜が咲き乱れる二〇一八年三月末、ぼくは葛飾区各所を自転車で巡ることにした。まずめざしたのは、葛飾区立お花茶屋図書館。目的は水の信仰に関する郷土資料だ。

ＪＲ亀有駅で降りると、待ち受けているのは漫画『こちら葛飾区亀有公園前派出所』でお馴染みの両津勘吉像。両さん像を横目で見ながら、駅近くの自転車屋さんでママチャリをレンタルし、桜の咲く旧曳舟川《ひきふねがわ》沿いの道を走る。ここもかつては物資を運ぶ重要な水路だったが、現在は桜並木の続く緑道となっている。

お花茶屋図書館で閲覧したいくつかの郷土資料に記されていたのが、東京東端の低地帯における水害の厳しさだ。『葛飾区の民俗Ⅳ 洪水の記憶』によると、葛飾区一帯は河川の氾濫や地水の被害を頻繁に受け、「カエルが小便をしても水が出る」などとも言われたらしい。こうした状況は葛飾だけに限ったものではなく、江戸川区や埼玉県の三郷市や八潮市など近隣エリアでも同様だった。

また、葛飾区には水害に関連した伝承・民話も残されている。たとえば、現在の葛飾区西水元四丁目に祀られている水神社。この神社は文政九年（一八二六年）の大洪水の際、水の勢いを止めるために名主の源右衛門が川に飛び込み、人柱となって村を助けたことから建立されたと伝えられている。それが事実かどうかはわからないけれど、年代まで書かれているのがなんとも生々しい。

江戸川と荒川のあいだには、中川、新中川、綾瀬川という三つの川が流れている。そのうち中川は水害の被害を食い止めるために治水工事が繰り返されてきたが、治水工事後、旧河道（河川の跡地）は用水路や農業用の溜池として再利用された。そのため、かつての中川流域には毛細血管のように細かい水路が流れていたという。また、この中川の下流部分は「中川の七曲がり」とも呼ばれるほど蛇行を繰り返していた旧中川の流れを今も留めている。自転車で走っていると、クネクネとまさに「中川の七曲がり」といった雰囲気。おそらく昔は水路だったであろう細い路地の角に突然木造の古民家があったりと、このあたりが水の都だった時代の名残りが感じられる。

一方、新中川は新しく整備された河川であり、その流れはまるで地図の上に定規で線を引いたように真っ直ぐとしている。旧中川とは大違いだ。

綾瀬川は埼玉県桶川市を起点とし、東京都内で中川と合流して海へ注ぐ。

こうやって三本の河川を眺めてみると、いくつかの時間の流れが共存しているような感じがしてくるのだ。

葛飾といえば、ぼくにはどうしても足を運んでみたい場所があった。それが中川沿いの土手の横に広がる怪無池(高砂六丁目)。怪無池と書いて「けなしいけ」と読む。一説では、この池は古くから溺れたり怪我をした人がいなかったことから「怪我無池」と呼ばれており、それが語源となって「怪無池」という名がついたらしい。また別の説では、東北で「飢饉」を意味する「毛渇(けかつ・けかち)」という言葉を源流とし、「飢饉を防ぐ池」という意味合いからこの名が付けられたとも言われている。

どこかいわくありげなそのネーミングに「水の郷」としての記憶が留められているような気がしていたぼくは、いつか怪無池を訪れてみたいと考えていたのだ。

怪無池に到着したのはまだ日の高い一五時すぎのことだった。

すぐ横を総武線の新小岩と常磐線の金町の間を結ぶ新金貨物線が走り、周囲をぐるりと住宅地に囲まれたそれほど広くない場所に、神話の池は広がっていた。この怪無池、伝承ではかつて中川が決壊した際にできたものとされているが、実際には池のなかに湧き水が湧いているらしく、現在でもこんこんと水を湛えている。

池のほとりに祀られているのは青龍神社。古くは青龍権現社と呼ばれ、真言宗宝蓮寺（葛飾区新宿）の境外社だったが、明治の神仏分離令によって水を司る天水分神（水分神）が祭神として祀られるようになった。

青龍神社に限らず、水にまつわる信仰のある場所は、龍神・大蛇の伝承が伝わっていることが多い。高谷重夫の『雨乞習俗の研究』によると、日本では古くから雨水を司る水神は蛇の形をしているとされ、その歴史は仏教伝来以前の古代まで遡ることができるらしい。怪無池もまた、蛇神の棲む神聖な池とされてきた。

怪無池はどことなくエアポケットのような場所だった。中川の土手には犬を散歩させている近隣住民が何組か見えるものの、怪無池の周りには人っこひとりいない。青龍神社の裏手には買い物かごなどのゴミが散乱していて、思っていた以上に寂れた雰囲気だ。

池のほとりには「ここは雨乞いの神事が行われた神聖な池です。釣り場ではありません」という青龍神社世話人による看板が掲げられている。実際にこの池では雨乞いの儀式が行われてきたそうで、なかでも明治六年（一八七三年）、青龍神社の宮司によって八月二六日から三日かけて執り行われた雨乞いは、大雨を降らせることに成功したと言われて伝説化されている（明治一六年説も）。

現代の感覚からはイメージしにくいけれど、農家にとって旱魃《かんばつ》は死活問題。かといって降りすぎても困るわけで、適度な雨量をもたらしてくれるよう、人々は水の神へと祈りを捧げた。

雨乞いにはいくつかのやり方があり、そのうちのひとつが降雨の力を持つ霊山の水を汲み取り、地元の田畑や霊力のあるとされる池へと注ぐというやり方。関東であれば、奥多摩の御岳山《みたけさん》や丹沢山地の大山《おおやま》（別名「雨降山」）が代表的な霊山だが、青龍神社では明治六年（一八七三年）に宮司が雨乞いを成功させて以降、群馬県の榛名山の御神水を怪無池へ注ぐという雨乞い儀礼が習慣化したようだ。

そんな池であるがゆえに、この地では「怪無池の魚を食べると祟りがある」とも信じられてきた。

大正一五年（一九二六年）に水道管工事のため、怪無池の一部を埋め立てようとしたところ、大雨のために工事は中断を余儀なくされたという。ぐっと年代が下って昭和五六年（一九八一年）、青龍神社が全焼した際には本殿・拝殿にしまってあった装束や旗が焼失。しかしながら、桐の箱に入った龍の掛け軸だけは無傷で発見された。その掛け軸には黒雲に爪を立てた龍の姿が描かれており、近隣住民のあいだでは毎晩龍の鳴き声が聴こえてきたという。

高砂の人々のあいだでは、こうした事柄が一種の都市伝説ではなく、極めて具体的な歴史的事実として伝えられてきたと聞く。それも百年二百年前の話ではない。バブル直前の八〇年代初頭に起きた伝説なのである。

何種類もの水鳥がバタバタと蓮の葉が覆う水面に着水し、毛づくろいを始めた。なるほど、水鳥にとってここは居心地のいい空間なのだろう。仲良く泳ぐカモの夫婦が悠々と餌探しをしていたり、のんびりとした空気が流れている。

ふと気づくと、でっぷりとした野良猫が青龍神社の本殿の隅に腰を下ろし、こちらをふてぶてしく眺めている。「おい、よそもの。写真を撮る前にまずはお参りをするものじゃ

ないのかね?」——確かに野良猫の言う通りだ。ぼくは青龍神社に手を合わせ、無礼をお詫びすると、ふたたび撮影を再開した。怪無池のボスであろう野良猫にカメラを向けると、面倒くさそうにそっぽを向いてしまった。

さまざまな角度から池の水面を撮影していると、中川の土手の遥か彼方にスカイツリーがぼんやりと見えることに気づいた。突然、自分の立っているところが東京中心部からそれなりに離れた郊外の地であることが実感させられた。このあたりから今の墨田区にあたる土地まで、現在であれば車なり電車なりを使えば大した距離ではないけれど、徒歩しか移動手段のなかった時代は、ちょっとした異国のようなものだったのかもしれない。

ちなみに、かつて葛飾区にはもうひとつの

「毛なし池」があった。それが堀切三丁目にあったもので、こちらは大正時代に荒川放水路を作る際に埋め立てられてしまった。こちらの「毛なし池」にもまた大蛇が棲んでいたとされ、祟りを恐れた村民たちは池のあった場所に毛無弁財天社を建立したという。

東京東端の一帯は蛇神によって守られてきた地でもあった。網目のように張り巡らされた大小の河川や水路は、そんな蛇神がのたうち回った跡なのかもしれない。

現代人は蛇行を繰り返す暴れ川を大規模な治水工事によってみずからのコントロール下に置こうとしたわけだが、それはいわば、荒れ狂う大蛇をてなずけ、ペットとして飼い慣らしてしまったようなものである。だが、いまだ蛇行を続ける旧中川と蛇神の棲む怪無池は、そう簡単にペットになってたまるか、という蛇神の最後の抵抗のようにも思えた。

## 水神を祀る「渡し場の水神講」（江戸川区東小松川）

江戸川区の東小松川地区には、水の神様を祀る「水神講」という集団が存在するらしい。そんな話を初めて聞いたとき、ぼくはその言葉にどこか秘密結社めいたものを連想してしまった。例えば、こんな感じだ。

神棚の上には水の神である蛇神を描いた掛け軸が祀られており、人々は一年に一度だけ、夜を徹して蛇神に祈りを捧げる。薄暗い本殿のなか、延々と鳴らされる太鼓と鉦《かね》。ろうそくの灯りに揺れていたひとりの男が神がかりに入ると、太鼓のリズムはさらに激しさを増した。うめき声を上げる男。その声は次第に蛇神からのメッセージとなり、人々はそのお告げへと耳をそばだてた――。


あくまでも想像上の話ではあるけれど、「水神講」と聞いただけでぼくは「蛇神を祀る異教徒たち」とでもいおうか、東京の奥地に残る怪しい民間宗教のようなものをイメージしてしまったのだ、大変失礼なことに。

だが、もちろん、水神講はそんなに禍々しいものなどではない。それはあくまでも水と密接な関係を持ってきたこの地域ならではの素朴な信仰であり、その信仰のかたちは現在もひっそりと受け継がれている。

中川と江戸川に挟まれた低地帯の中川寄りに広がる東小松川地区。葛飾の広い地域がそうであったように、ここもかつては素朴な農村だった。

全国どの八百屋にも並んでいる小松菜は東小松川が原産地（ちなみに、東小松川はレンコンの産地でもある）。東京はこうしたご当地野菜——現在は「江戸東京野菜」とも呼ばれる——の宝庫でもある。練馬大根、滝野川ごぼう、駒込人参、砂村ネギ、亀戸だいこん、三河島菜。そうしたご当地野菜は、江戸幕府が近郊の新田開発や農作物の品質改良に力を入れたことの名残りでもある。

また、東京東部においてこうした野菜類は、水路を利用して東京湾経由で日本橋の市場へと出荷された。後述するように、東小松川のような近郊農村はこうした野菜の売買などを通じて都心部と密接な経済関係を結んでいた。

近世後期の東小松川には四〇〇近い家々が立ち並んでいて、村のなかはさらに細かく「庭」「組」などというコミュニティーに分かれていたらしい。そこでは念仏講や題目講などの集団信仰が行われていたほか、葬儀などの際はお互いに手助けをする相互扶助組織ともなった。

水神講もまた、地域コミュニティーのなかで継承されてきたそうした集団信仰のひとつである。ベースとなるのは水神社の氏子組織。水神社とは（ざっくり説明してしまえば）水にまつわる一切合切をなんとかしてくれる神様であって、水害からの守護や農作物の成長を願って祀られた。そのため、河川の堤防、水田のほとり、用水の取り入れ口に祀られることが多く、場所によっては水上安全を願って船着場に祀られることもあったという。

東小松川でも上の庭、新道《しんみち》、中の庭、入《いり》の庭、大江川、渡し場、品清という集落で水神社が祀られ、いくつかの集落で水神講が組織されていた。そのうち渡し場、大江川、入の庭という三つの集落では現在も水神講が存続している。水害の心配も少なくなった現在でもそうやって水神講の風習が続いていることは、ぼくには奇跡的なことに思えた。

「水神講がどう始まったのかは私たちもわからないんです。ウチの親父も九三で亡くなっちゃったし、ここ二、三年で詳しい人がみんないなくなっちゃった」

そう話すのは、渡し場の水神講で講元（代表）を務める大野平さん、六五歳だ。その横で「ただね、子供のころからこのへんで遊んでましたから、水神さまは身近なものではありましたよ」と話すのは、代々東小松川で暮らし、お兄さままで十三代目になるという秋元昇さん、八一歳（どちらも取材時）。

ぼくは水神講のことを伺うため、大野さんの経営するガソリンスタンドのソファーに座っていた。ついに謎めいた水神講の全貌があきらかに！　焦る気持ちを抑えつつ、ぼくはひとつひとつおふたりに質問を投げかけていった。

まず、渡し場の水神講の概要をまとめておこう。

現在の講員数は七〇人強。昔は一〇〇人近くいたというけれど、それにしても七〇人は結構な数だ。年齢層はやはり七〇、八〇代が中心で、六〇代はごくわずか。講員は全部で九班に分かれていて、それぞれに班長が決められているという。講の規約も作られているというから、思っていた以上にシステマティックに運営されているようだ。ただし、こうした規約を作ったのは、大野さんが講元になってからのこと。それまでは多くのことが先輩から後輩へと口頭で伝えられてきたそうで、それゆえに、水神講の風習がいつから行われているのか、はっきりとしたことはわからないという。

主な活動は、正月の初詣、六月末の水神社の例祭、役員だけで行われる一〇月のお十夜、そして年末の総会。先述したように水神社は水難よけと水の恵みを祈念する社でもあったことから、例祭は水難事故の多い夏の始めに行われることが多かったようだ（田植えのあとの骨休み、農作物の疫病祓いという目的も兼ねていたと思われる）。また、お十夜とは全国の浄土宗寺院で執り行われる念仏会で、同じ江戸川区の安養寺念仏講でもお十夜は行われている。こうした仏事が水神社で続けられているのもおもしろい。かつてお十夜では講員たちで念仏を唱えていたそうだが、現在はカセットでお題目を流しているらしい。

こうした年間行事のほか、境内の樹木の世話や御賽銭箱の設置も水神講の仕事。こうした管理には、講員から預かる年会費と区からのわずかながらの補助金があてられている。初詣の際には参詣者にお汁粉を振る舞うのも水神講の仕事らしく、なんだかんだでやることは多そうだ。
4章で触れる新島のヤカミ衆同様、こうした氏神にまつわる管理の一切を行うのが水神講の主な活動だ。かつての水神講は水神への信仰で繋がる宗教的なコミュニティーだったが、社会の変化に伴ってそうした宗教性が薄れ、寺社の管理のような地域活動が中心となってきたのだろう。

**大野平さん**「昔はみんな水神講に入ってたんですよ」
**秋元昇さん**「地元の鎮守様ですから、自然と入るもの。黙っていてもみんな入ってきた」
**大野平さん**「若い人も多かったからね。祭りの準備をしていても年寄りに『そうじゃないだろ！』なんてすぐに怒られたものです（笑）。昔も何か文章に残っていたわけじゃなくて、（年長者から）やりながら覚えろと言われてた」
**秋元昇さん**「見て覚えろ、と。職人の世界ですよね」

大野さんと秋元さんの会話は実にテンポがいい。また、秋元さんの「私」は「ワタシ」と「アタシ」の中間のような発音で、その響きはどこか「東京」を感じさせる。東京イーストサイドの粋というか、都会的な格好よさが秋元さんの「私」にはあるのだ。

大野さんと秋元さんは近郊農村としての東小松川を知る最後の世代でもある。秋元さんは「みるみるうちに町の風景が変わっていったんですよ。まさか田んぼのなかに道路ができるなんて思いもしなかった」と笑うけれど、ぼくからしてみると、今はアスファルトにすっかり覆われた東小松川の地に、見渡すばかりの水田と蓮田が広がっている光景のほうがなかなか想像しにくい。

秋元昇さん「だってね、昔は染物屋さんが水路で染物を洗ったりしてましたから。今は家が並んでますけど、昔は二、三軒ずつポツポツあったぐらい」

大野平さん「ここから土手の桜が見えたっていいますからね」

そうやって大野さんは土手のほうを指差すものの、そこにあるのはいくつかのマンションと住居。土手どころか、隙間からわずかに青空が覗いているぐらいだ。

秋元さんによると、東小松川の光景が本格的に変わってきたのは昭和四〇年代以降。五〇年代に入ると、集落中を流れていた水路は一斉に暗渠となり、新住民が一気に東小松川へと流れ込んできた。それまでわずかに残っていた近郊農村としての姿はそのとき雲散霧消し、東小松川はアスファルトに覆われた住宅街として生まれ変わることになった。

では、それ以前、集落一面に水路が流れていた時代の東小松川はどのような場所だったのだろうか？　秋元さんと大野さんの口調は一段と熱気を増し、その表情はあたりを裸足で駆け回る悪ガキのような面影を湛えはじめる。

**大野平さん**「一之江のほうに金魚園がいくつもあったんだけど、台風になると水が溢れちゃって、金魚がみんな逃げちゃうんですよ。子供たちはみんなそのタイミングを狙ってすくいにいってました（笑）」

**秋元昇さん**「あとね、畑に撒く肥やしを積んだ船が水路を行き来してたんです。バキュームカーが通るようになったのは水路が埋め立てられてから。私も子供のころは肥やしを船に積む仕事をやらされてました。昭和二〇年代半ばぐらいまではやってた記憶があります」

近郊農村としての東京東端の姿を知る際、秋元さんのいう肥やし、つまり「下肥」の風習はとても重要だ。

よく言われるように、江戸時代、下肥は高級品だった。郊外の農民たちは農閑期の副業として町屋で糞尿を回収し、それを元手に下肥を作っていたが、広葉樹の葉などで作った堆肥と効果の差は段違い。なにせ撒いてから三日経てば稲の葉の色が変わるほどだったそうで、野菜の甘みや歯ごたえにも違いが出たという。

沖積地で森林の少ない東京東部では堆肥の材料となる落ち葉が手に入りにくかったため、堆肥よりも下肥のほうが一般的だったという話もあるけれど、いずれにせよ、糞尿や落ち葉といったゴミを元に郊外で農作物を育て、中心部へ運ぶという経済システム／リサイクルの仕組みは、現在から見ても極めて優秀なものといえる。江戸時代、地元で採れた野菜を積んで出発し、帰りには町屋で回収した糞尿を乗せた舟運のことは「おわい舟」（のちに葛西舟や長船とも）と呼ばれた。「おわい」は「汚穢」と書くが、その「汚穢」とは宝を生み出す元でもあったわけだ。

生活習慣の変化や地域外から新住民が入ってきたことによるコミュニティーの変貌など

の理由から、昭和五〇年代になると下肥の習慣は完全に途絶えてしまったという。先ほどの秋元さんの発言にあったように、東小松川の風景が一変した時期とそれは一致する。

「水神社まで行ってみます？　歩いてすぐそこなんですよ」――そんな大野さんの言葉に誘われ、東小松川をしばし散策することになった。

東小松川の集落を抜ける道の多くは細く、蛇行している。なかには車が安心して走ることのできるまっすぐな道もあるけれど、それはこのあたりが再開発された際に作られた新しい道路。蛇行している道の多くはかつて水路が流れていたところで、その下は暗渠になっている。もともと農道だった道も多く、かつてはリアカーとオート三輪ぐらいしか通れなかったという。

秋元さんは指を差しながら、「ここは水路だったんですよ。あそこもそう。その先も水路ですね」とひとつひとつの道のかつてを説明していく。まったく、どこもかしこも水路だらけ。「江戸はベニスと並ぶ水の都である」という言葉がふと思い出される。秋元さんは「このへんは川だらけで、私も子供のころ、よく落っこちたもんですよ」と笑うが、きっと酒を飲んだ大人が足を踏み外して水路にドボン！なんてことも日常茶飯事だったのだろう。

水神社は水路の分岐点だった場所に祀られていた。現在ではなんてことのない車道の分かれ道に過ぎないけれど、以前のこの場所は水路と水路を分ける地であって、まさに渡し場という集落の中心でもあった。
決して広くはない境内には、小さな社と集会所の役割も果たしている薬師堂が佇んでいた。何も知らずに歩いていたら通り過ぎてしまうであろう小さな神社ではあるものの、水神講の人々の手が入っているので、境内の木々もこざっぱりとしている。
秋元さんたちと雑談を交わしていると、すぐ横を年配の男性が自転車で通り過ぎ、ふたりと当たり前のように会話を交わし始めた。ただし、とってつけたような日常会話や社交辞令などではない。憎まれ口も含む、まるで近所の悪ガキ同士のような会話だ。いい話も悪い話も全部筒抜けになってしまうであろう狭いコミュニティーならではの会話ではあるけれど、ぼくには「ワタシ」と「アタシ」のあいだの「私」で繰り広げられるテンポのいい会話がとても羨ましく思えた。

二〇一八年六月二六日、水神社の例祭初日の宵宮にお邪魔することになった。

一七時半ごろ渡し場の水神社にいくと、大野さんや秋元さんをはじめとする水神講の役員一〇人ほどが集まっていた。秋元さんはピンクの鮮やかなシャツを着ていて、とてもお洒落。八〇代にはまったく見えない。秋元さんが若かりしころ、東小松川の若い連中は新小岩や錦糸町へと遊びに繰り出したというが、夜の街を行き来するかつての秋元さんの姿が目に浮かんだ。

この日、東小松川では大江川、入の庭という他の集落でも水神社の例祭が行われる。せっかくなので、大野さんたちが取り仕切る渡し場の水神社だけでなく、他のふたつの集落も回ることにした。

大江川の水神社は整備された小川の近くに建っていた。到着するとすでに葛西囃子保存会のメンバー五人が囃子を奉納中。それが終わると、水神講の講員が保存会の人にお花代を渡し、速やかに例祭は終了した。

続いては入の庭の水神社へ。水神講の方にご挨拶をすると、入の庭の水神講の歴史が書かれた紙とお札をいただいた。お札に書かれているのは、「弥都波能売神御祭祀」という文字。弥都波能売神《みづはのめのかみ》とは火を鎮める水神であり、人々に豊穣をもたらす農耕神のこと。淤《お》加美神《かみのかみ》（龗神）と並ぶ代表的な水の神だ。

一八時半ごろ渡し場に戻ると、ラジカセを通して小さな音で囃子が流れていた。集まる人の数は大江川、入の庭とさほど変わらない。お酒を飲むわけでもなく、役員はなんてことのない雑談を交わしている。その間、子供連れの家族が何組かお参りにやってくる。子供はお参りするとお菓子をもらえる仕組みのようで、そのたびに水神講の誰かがお菓子を渡していく。

そうこうするうちに、他の集落で奉納を終えた葛西囃子保存会の一団がやってきた。彼らは薬師堂に座ってセッティングすると、水神社のほうを向いて奉納演奏を始める。役員たちは境内に並べられた椅子に座り、じっとその演奏に耳を傾けている。先の二集落同様、奉納演奏は約二〇分ほどで終了。「明日の本宮は何をするんですか?」と大野さんに尋ねると、「私は朝八時半ごろからいますが、地元の方がお参りにくるぐらい。昼過ぎには片付け、お賽銭の計算をして終わりです」と話す。

祭礼の最中、通りかかった近所の住民が軽く目をやり、そのまま通り過ぎていく場面を

水神
御祭禮

何度も見かけた。確かに水神社の祭礼は非常に地味なものであって、そこに娯楽的要素は一切ない。この地域に新しくやってきた住民が無関心なのも仕方がないだろう。だが、そんな素朴な祭礼にぼくは集団信仰の原型を見る思いがした。こうした祭礼の多くは時代の変化とともに地域住民のレクリエーションとしての性格を強め、奉納演奏や舞は地域のエンターテインメントとして華美になっていったわけだが、東小松川の水神社の祭礼では、祭礼の基本的な形が実直に、ただ淡々と続けられていた。

現在の水神講の講員のあいだに強固な宗教的な繫がりがあるわけではないし、冒頭で書いたように、特定の信仰心のもとに団結した秘密結社などでもない。「よっ」と顔を覗き、元気な姿を確認する場。たったそれだけのものなのかもしれない。大野さんたちも認めるように、強固な繫がりを持たないがゆえにいずれ途絶えてしまうものなのかもしれないし、むしろ今日まで存続してきたことが奇跡的に思える。

だが、水神講の素朴な信仰は、水とともに生き、水とともに死んでいったこの集落の人々の記憶を現在も受け継いでいる。博物館や民俗資料館で保管されているのではなく、現代の暮らしのなかで継承されていることに、ぼくは感動すら覚えていた。水神さまによって守られてきた「渡し場」というコミュニティーの記憶は、今も確かに生き続けている。

## 浅草神社の神紋に描かれた三つの網が意味するもの（江戸川区東葛西）

東京有数の観光地、浅草。この町はある種、「江戸／東京」の典型的イメージを凝縮した場所ともいえる。雷門の重厚な佇まい。土産物屋の並ぶ仲見世通り。周囲には昔ながらの大衆酒場や寄席が立ち並び、江戸／東京の意匠を凝らしたレトロ空間が（なかば人工的に演出されたものも交えながら）作り出されていて、町全体が江戸をモチーフとするテーマパークともなっている。

そんな浅草という町において信仰の中心にあるのが、都内最古の寺とされる浅草寺だ。本尊の聖観世音菩薩像は絶対秘仏とされていて、施錠された厨子《ずし》のなかで厳重に保管されている。寺の住職ですら見るのを慎んでおり、そのため存在そのものが疑われたこともあったそうだが、聞くところによると、明治に入って調査のため確認した役人がいたらしい。住職も見てはいけないものを一介の役人などが見ていいものかよくわからないけれど、その観世音菩薩像は両手足がなかったとも言われている。

そして、そんな浅草寺の隣には浅草神社が、いくらか控えめな佇まいで鎮座している。明治に入ってからの神仏分離の際、浅草寺と袂を分けたもので、こちらの例大祭が東京を代表する夏祭りである三社祭だ。

なぜ奥東京を訪ね歩く本書のなかで、江戸の文化的中心地としての役割も担っていた浅草の話をしているかというと、この地の古層を掘り返すときに浮かび上がる記憶は、東京イーストサイドのとある風習と分かちがたく結びついているからだ。

少し長くなるけれど、浅草神社の由緒を引用してみよう（明治まで浅草寺と浅草神社は一体であり、いうまでもなくこの伝承は浅草寺の由緒ともイコールである）。

推古天皇の三十六年（西暦六二八年）三月十八日のことでした。

漁師の檜前浜成・竹成兄弟が隅田川で漁労に精を出していましたが、その日に限り一匹の漁もなく、網にかかるのはただ人型の像だけでした。幾たびか像を水中に投げ捨て、何度場所を変えて網を打ってもかかるのは不思議と人型の像だけなので、最後には兄弟も不思議に思い、その尊像を捧持して今の駒形から上陸し、槐《えんじゅ》の切り株に安置しました。そして、当時、郷土の文化人であった土師真中知《はじのまつち》にこの日の出来事を語り、一見を請うたところ、土師氏は、これぞ聖観世音菩薩の尊像にして自らも帰依の念心仏体であることを兄弟に告げ、諄々と功徳、おはたらきにつき説明しました。

兄弟は初めて聞く観音の現世利益仏であることを知り、何となく信心をもよおされた二人は、深く観音を念じ名号を唱え、「我らは漁師なれば、漁労なくしてはその日の生活にも困る者ゆえ、明日はよろしく大漁を得させしめ給え」と厚く祈念しました。

翌十九日に再び網を浦々に打てば、願いのごとく大漁を得ることができました。土師真中知は間もなく剃髪して僧となり、自宅を改めて寺となし、さきの観音像を奉安して供養護持のかたわら郷民の教化に生涯を捧げたという。いわゆるこれが浅草寺の起源です。

土師真中知の没した後、間もなくその嫡子が観世音の夢告を受け、三社権現と称し上記三人を神として祀ったのが三社権現社（浅草神社）の始まりであるとされています。（「浅草神社由緒」）

現在の浅草神社では、この由緒に登場する長老とふたりの漁師、つまりは土師真中知命、檜前浜成命、檜前竹成命が主祭神として祀られている。実際のところは「平安の末期から鎌倉にかけて権現思想が流行しだした以後、三氏の末裔が崇祖のあまり浅草発展の功労に寄与した郷土神として祀ったものであろうと推定」（由緒より）できるというが、いずれにせよ、漁師を祭神とする浅草神社の起源が川の記憶と密接に結びついていることは間違いない。浅草神社の例大祭である三社祭もまた、明治以前は隅田川で船渡御《ふなとぎょ》も行われるなど、もともと川と密接な関係を持つ祭祀だったという。

浅草神社の神紋（神社の紋章）には三つの網があしらわれているが、こうした由緒が元になっているわけだ。

一般的に神紋とは、神社に縁深い何らかのアイコンが用いられることが多い。たとえば菅原道真を祀る天満宮の神紋には、生前の道真がこよなく愛したという梅があしらわれているし、奈良の大神《おおみわ》神社は神の化身である蛇が棲んでいたとされる神杉が三本描かれている。そうしたアイコンは、その神社の背景を示すものであるとともに、神社を中心とする土地のアイデンティティーを提示するものでもある。

そうやって考えてみると、浅草神社の神紋に描かれた漁師の網、それも檜前兄弟が隅田川に投げ、観世音菩薩像を引き上げることになった投網とは、浅草から東側に広がる「川の世界」を繙くうえでひとつの手がかりにもなるはずだ。

度重なる治水工事によって河川が整備された江戸時代、川は仕事と生活の場であると同時に、遊びの場でもあった。夏の強烈な暑さからエスケープできる風流な遊びとして花見舟、涼み舟、月見船、踊り船、釣り舟などの遊び船が裕福な旦那衆らのあいだで人気を得たように、投網も漁師の仕事道具としてだけでなく、時には舟遊びのツールとしても使わ

れるようになる。

高柳金芳『隅田川と江戸庶民の生活』によると、隅田川での舟遊びは慶長年間（一五九六〜一六一五年）から始まり、両国橋—永代橋間で盛んに行われるようになった。当初は荷物運搬用の川舟である平田舟に屋根を取り付けたシンプルなものが使われていたが、次第に巨大化。大名や将軍、公家が乗る御座船（河川用のものは川御座船、海用のものは海御座船）と呼ばれる豪華船もあれば、庶民用の屋根舟、スピードの出る猪牙船《ちょきぶね》（主に新吉原に通う客用に使われ、柳橋—山谷堀間を往復したため「山谷舟」ともいわれた）など、小型の舟も隅田川上を行き来していたという。

そうしたなかで人気を得たのが、投網で採った魚を船上で刺身や天ぷらとして調理し、客へ提供するという「網船」だった。

隅田川における網船や投網の光景は、当時の浮世絵にも数多く描かれている。たとえば、万延元年（一八六〇年）に描かれた歌川豊国の「夕涼 永代橋遊漁の図」。隅田川にかかる永代橋近辺の光景を表したその作品には、投網によって大きな魚を捕まえたひとりの男が描かれている。川の奥に見えるのは佃島だろうか。

喜多川歌麿の「隅田川舟遊」の舞台は、両国橋のたもと。そこには釣竿や投網で遊ぶ男女の姿が描かれており、笑い声も聞こえてくるような楽しげな一枚である。

現在の旧江戸川の河口付近の投網漁を描いたとされるのが、歌川広重「名所江戸百景」の一枚として描かれた「利根川ばらばらまつ」だ。絵の右半分を占めるのは、放射線状に広がる投網。舞台となった場所には諸説あり、旧江戸川に浮かぶ東京都内唯一の自然島、妙見島という説もあれば、中川という説もあるそうだが、どちらにせよ、江戸の投網の風景を現在に伝える作品だ。

そんな江戸投網の「バイブル」とされる本がある。それが大正一四年（一九二五年）に刊行された桐島像一『品川湾の投網』。財界人でもあった著者の桐島像一はとある男爵とともに品川湾で網打ちをしたところ病みつきになり、以降、日曜ともなると品川湾へ出かけ、

「沖の道楽者の中ではかなり古顔」となったらしい。本書には投網の技術や季節による獲物の種類、そして投網をやる際の心意気など精神論までが熱く記されており、一〇〇年近く前の書物にもかかわらず、筆者の熱量には圧倒されるばかりだ。

この『品川湾の投網』によると、近代の江戸投網においてイノベーションをもたらしたのは、西日本の漁師たちだったらしい。そのうちのひとりが、明治維新のころ細川（熊本）の藩士が江戸にやってきた際同伴したひとりの網打ち、「細川の政」とも呼ばれた細川政吉。『品川湾の投網』には、細川の政についてこう書かれている。

熊本（の網打ち）はすくい取りであって、彼はすくい取りを江戸に広めた開祖である。ゆえに先年網打ち仲間が集まって、政の墓を浅草の観音堂の横の、三社様に祀ろうという話があったのであるが、相談がまとまらず、ついそのままになってしまった。

（『品川湾の投網』）

このエピソードはとても興味深い。明治一二年（一八七九年）に七二歳でこの世を去った細川の政は、死後、千葉県浦安の華蔵院に葬られることとなり、そのプランが実現することはなかった。だが、約一二五〇年という時を超え、彼と檜前浜成・竹成兄弟という「川のレジェンドたち」が同じ場に祀られる可能性があったのだ。

そして、さらにぼくの興味を惹いたのは、その細川の政を始祖とする細川流の投網が、現在も東京と千葉の県境を流れる江戸川で継承されているということだった。


二〇一七年十一月、ぼくは江戸川に浮かぶ屋形船の船上にいた。

江戸川は江戸川水閘門《すいこうもん》（江戸川区東篠崎町）で二股に分かれており、江戸川放水路と呼ばれる東側の流れは千葉県市川市を通って東京湾に流れ込む。こちらは大正八年（一九一九年）に開削された新しい川で、現在は関東有数のハゼ釣りの名所としても知られている。

また、西側の流れは東京と千葉の県境を流れ、そのまま東京湾へと注ぎ込む。こちらは江戸川放水路が開削されるまで江戸川の本流だったものの、昭和四〇年（一九六五年）に放水路のほうを江戸川とすることになったため、「旧江戸川」と呼ばれるようになった。ぼくが今いるのは、こちらの旧江戸川のほうだ。

川の両岸は頑丈な堤防に囲まれていて、堤防の外からは川が一切見えない。階段を上がり、堤防の上まで登ってようやくそこを流れる旧江戸川が見えるわけだが、そこには数隻の屋形船が停泊していた。

ぼくがお邪魔しているのはそのうちの一隻、「あみ武」の屋形船。あみ武は東京オリンピックが開催された昭和三九年（一九六四年）に創業し、船主を務める小島智彦さん（昭和三三年生まれ）は二代目にあたる。小島さんは東京東部漁業協同組合の会員であるいっぽうで、細川流の投網を継承する江戸川投網保存会の会長も務めている。

**小島智彦さん**「屋号に『あみ』が付いてるところは、浅草でも品川でも全部投網を投げる舟宿なのね。昔の舟宿は投網で採ったものをその場で天ぷらや洗いにして出していた。最初はお殿様が乗るような五、六人規模の小さな舟で、ウチの本家もそういう舟をやってたんだけど、俺が覚えたころは一五人以上の規模。まだ艪《ろ》が付いた舟だったね。でも、時代とともに舟もでかくなっていくし、投網を打つことも少なくなっていっちゃったんだよね。途絶えてしまいそうになってたから、昭和三〇年代生まれの仲間たちでなんとかしようということで、二〇〇一年五月に立ち上げたのが江戸川投網保存会。今は一四の屋形船が所属しています」

そこまで話すと、小島さんはすぐ横を通る屋形船に対し、ひょいと手を上げて挨拶を交わした。彼らにとってこの旧江戸川は、今もなお「水の道」なのだろう。そのことが、小島さんの自然な立ち振る舞いからも伝わってきた。

先述したように、あみ武が創業したのは一九六四年。創業者である小島さんの父、小島武蔵さんは本家である「あみ弁」でそれ以前から修業していたそうだが、そのあみ弁は現在九代目。このあたりでも一番古い舟宿だという「あみ元」にいたっては実に一五代目となる。そうやって考えてみると、ひょっとしたら歌川広重が「利根川ばらばらまつ」で描いたのは、小島さんの先輩にあたるあみ元のご先祖様だったのかもしれない。

小島さんはまた、「網船はもともとはお殿様の遊びで、本家にはウチのオヤジなんかは入っちゃいけない部屋があったみたい。要するに、お殿様専用の部屋ってことだよね」とも話す。その話を裏付けるように、江戸投網保存会のウェブサイトには、武蔵さんの貴重な証言が掲載されている。

**小島武蔵さん**「本家・あみ弁の家は私が四歳のとき古い家を建て替えましたが、昔の家の一番奥には誰も出入りできない部屋があって、もちろんそこは子供でも、絶対入ってはいけないと戒められていました。おばの話だと、そこは殿様が投網遊びのときに使った部屋だといってました。参勤交代のとき、江戸に来た大名の殿様が江戸情緒のお楽しみとしてうちの本家で投網遊びをされた。そのとき殿様がお使いになる部屋なので、立ち入り禁止にしていたというわけです」

浮世絵のなかに描かれる江戸の舟遊びとは、はるか昔に失われた過去の風景である——ぼくはそう思い込んでいたが、こうした証言を聞くと、江戸の舟遊びは当時から続く舟宿を通じて現在とも確実に繋がっているわけだ。もちろん、当時とは船の形状も違えば、営業形態も、水揚げされる魚も、顧客自体も大きく違う。だが、小島家のなかでそうした証言が語り継がれるかぎり、ぼくには江戸の舟遊びと現在の舟宿が連続しているように思えてならなかった。

また、小島さんは子供のころから父親についてまわり、いずれ自分も投網で生計を立てることになるのだろうという意識を持っていたという。

**小島智彦さん**「俺が子供のころはカモ撃ちの商売もやってたの。カモはアサリを食べるから、潮干狩りをできるようなところにはカモがいてね。櫓《やぐら》を建てて、囮を撒いてやってきたカモを散弾銃で撃つ。お客さんとその櫓の上でカモを待つわけだけど、足元を見ると、アオギスとかハゼがいたんだね。ガキのころはそれを釣って遊んでた。お客さんに『おじちゃん、撃つとき教えてね。耳を塞ぐから』ってお願いして（笑）。今でいう三枚洲とか行徳の三番瀬のあたりでやってたよ」

冬はカモ撃ち、春は投網、初夏は潮干狩り、夏から秋にかけてはハゼ釣り。釣りの餌になるゴカイを採って釣り客に売ったりと、舟宿は一年を通じてとても忙しかった。そして、まだ幼かった小島さんはそうした日々を通じ、川のことを知り、海のことを知った。

**小島智彦さん**「昔は川で洗濯もしたし、大事にしていた。川のほうを向いて生活してたんだよね。当時のことを知ってる人たちからすると、いくら護岸工事が進んで堤防が高くなっても、『自分ちの川』という意識はなかなか変わらないよね。あるときから『川は汚い』

と言われるようになって、今は川に背中を向けて生活してる。ただ、ここにきて、江戸川にせよ隅田川にせよ中川にせよ、家が川のほうを向いてきたんだよね。少しずつ変わってきたんだと思う。このあたりはどうしても地盤が低いから堤防が高くなっちゃうんだけど、本当は家から川が見えるような暮らしになるといいんだよね」

まさに小島さんが生まれた昭和三三年（一九五八年）、旧江戸川の生活を変えてしまうひとつの事件が起こる。東京都江戸川区東篠崎町の本州製紙江戸川工場から流される工場排水を原因とした漁業被害、通称「黒い水事件」だ。この排水による被害は旧江戸川の広い範囲に及んだだけでなく、浦安や葛西沖にまで広がり、東京湾の海苔養殖にも甚大な被害が出た。

自分たちの生活を支え、生活の場そのものにもなってきた川を破壊された漁師たちの怒りは凄まじく、本州製紙と漁協組合員の対立は多数の重軽傷者と逮捕者を出す大規模な衝突にまで発展。国会で取りあげられるなど社会問題となった。この事件をきっかけとして、政府は同年一二月に「公共水域の水質の保全に関する法律」と「工場排水等の規則に関する法律」を公布。事件はいちおうの解決を見た。

高度経済成長期以降、東京の河川の多くに生活排水が流れ込むようになると、小さな水路や河川などは蓋をして暗渠となり、人の目につかない「隠された存在」となった。東京東部の河川の水質悪化も著しく、なかでも中川や綾瀬川は、国土交通省が管理する全国の一級河川の水質ワースト上位に常にランクインするほどの酷さだったという。

川に生きる人々にとって、「自分ちの川」が破壊され、隠された存在となってしまった悲しみとはどれほどのものだったのだろう。そこには人々の記憶があり、アイデンティティーがあった。護岸の外から川を見ていたぼくのような人間からは想像すらできないほどの悲しみがあったはずだ。

だが、下水道や浄水施設が各河川で整備されたほか、生活排水対策が推し進められたことなどにより、徐々に水質も改善。高度経済成長期には河口付近で獲れていたヤマトシジミが激減するなど水質悪化の影響が出ていた旧江戸川でも、九〇年代半ばからそのヤマトシジミが少しずつ増加。現在では「江戸前のシジミ」として築地市場に出荷されるまでに漁獲量も回復した。

江戸川で獲れる魚について尋ねると、小島さんは堰を切ったように話し始めた。漁師の血を引くものとしては、そりゃ公害のことなどよりも旬の魚について話すほうが楽しいに決まっている。

小島智彦さん「このあたりはちょうど塩水と真水が混ざる区域なんで、鯉もいれば、スズキやボラ、黒鯛もいる。この時期（一一月初旬）はスズキだし、もうちょっと寒くなると鯉がいいんだよね。海の沖合いまではいかない。あんまり水深が深いところまではやれないんだよね、ウチの網だと。水深二メートル前後ぐらいが適当なところだね。絶対数はやっぱり減ってるよね。白魚やサヨリもだいぶ少なくなってきた。アクアラインができてから、青物がなかなかこっち側に入ってこない。スズキ系はなんとか入ってくるけど、昔に比べると群が小さいね。数が戻ってきたのはハマグリ。ここ五年ぐらいゲンコツぐらいの大きさのものを見るようになってきた。味もいいよ。内湾のほうはやっぱり美味しいな。九十九里のほうに遊びに掘りにいったこともあるけど、あっちは地が硬いからハマグリが薄っぺらい。こっちは丸々としてて、身もふっくらしてるんだ」

ハマグリの美味しさを語る小島さんの口調にはなんともいえぬ情感がこもっていて、ぼくの食欲は大いに刺激された。このあたりで天然のハマグリを食べられるような店があればよかったけれど、小島さんの話では、その一部は築地などに出荷されることはあっても、多くは高級料亭などに流れるだろうということだった。

息を吹き返した江戸川にはサケやヒメマスも棲んでいるらしく、ここからさらに上流の葛飾で大きなサケが発見されることもあるそうだ。ぼくが「江戸川には本当に多種多様な生き物がいるんですね」と話すと、小島さんは「そうだね」と言ったあと、ポツリと「悪い水さえ出なければ、ね」と続けた。

漁業協同組合の会員でもある小島さんはウナギの稚魚を放流するなど、川の環境保全活動でも忙しい。屋形船の舟主として多くの客を迎え入れるいっぽうで、投網保存会としては投網練習会を開くほか、二〇〇二年からは江戸時代の投網漁を再現する「お江戸投網まつり」を開催。毎年多くの観客で賑わうという。川の保全と管理。文化の継承。川のナヴィゲーター。川のスペシャリストである小島さんは、今もなお川とともに生き続けている。

ゴゴゴゴゴ……また一台の屋形船が横を通り過ぎていく。小島さんは先ほどと同じように手を挙げ、いつものように挨拶を交わす。おそらく「利根川ばらばらまつ」の時代も船乗りたちはこうやって手を挙げ、挨拶を交わしたのだろう。

「そういえば、向こう岸は千葉県ですよね」――何気なくそう口にしたぼくに向かって、小島さんはこう言って笑った。

「いや、あっちは千葉県じゃないの。妙見島っていう島で、今みたいに橋がなかったころは、悪いことをすると泳いで妙見島まで逃げたみたい（笑）」

妙見島。東京の川を巡る旅の最後に、少しだけこの島に立ち寄ってみよう。

旧江戸川の東京と千葉の県境に浮かぶこの島は、実は東京二三区唯一の自然島だ。特徴的な島名は南北朝時代に妙見堂が建てられたことを由来としており、島のほとんどを工場が占める工業島となった現在も、マーガリンやショートニングなどの食用加工油脂の製造・販売を行う月島食品工業のかたわらには、小さな妙見神社が鎮座している。

この島は江戸時代は徳川幕府の直轄地だったが、明治に入ると千葉県に編入。明治二八年（一八九五年）には東京府の瑞穂村に編入されるなど、県境の島らしく複雑な歴史を辿ってきた。工場が建ちはじめたのは明治後期以降。昭和初期には「工場の島」となったが、昭和一五年（一九四〇年）に橋ができるまでは陸と分断されていた。小島さんの話してくれた「悪いことをすると泳いで妙見島まで逃げた」というエピソードは、それ以前のものと思われる。

東京の川研究会編『「川」が語る東京——人と川の環境史』には、この妙見島に関する興味深い事柄が記されている。

妙見神社の御神体は現在、江戸川区東一之江・妙覚寺の妙見堂に祀られているが、この妙覚寺は「二度目の蒙古襲来（弘安の役）の余韻がさめやらぬ弘安七年（一二八四年）に、下総一帯に勢力をはっていた千葉氏によって建立された」と伝えられている。下総の武士団であった千葉氏とは、北極星を神格化した妙見菩薩を守護神とし、一族結束の象徴としても信奉していた一族。『「川」が語る東京――人と川の環境史』では、「胤貞《たねさだ》流千葉氏が東京湾岸に勢力を伸ばす足がかりとして旧江戸川の中州に妙見堂を祀ったのではないか」という仮説も立てられている。

つまり、千葉氏は妙見島を勢力拡大の最前線として位置付けていたかもしれないわけで、工場の隙間にひっそりと佇む妙見神社は、そんな島の歴史を現代に伝えるものであるのだ。

そういえば、あみ武の近くには香取神社が祀られているが、江戸川区にはそのほかにも香取神社の祭神である経津主神《ふつぬしのかみ》を祀る神社が一四社もあるらしい。香取神社は、言うまでもなく下総国の一宮。そのため、江戸川区にかぎらず、下総国の影響下にある利根川や江戸川沿いには多くの香取神社が存在するが、そもそも経津主神は漁業や水運を司る「楫《かじ》取りの神」でもある。

あみ武から少し上流に向かうと、旧江戸川のほとりに下今井熊野神社がある。この神社は地元の人々のあいだで「おくまんさま」と親しまれてきた下今井村の鎮守。なかでも船乗りたちから厚い信仰を集め、社前を通過する時は必ず帆を下ろし、航行の安全を祈ったという。

旧江戸川の周辺地域を見回すと、そんなふうにさまざまな信仰の痕跡を見つけることができるのだ。

川はさまざまな文化や風習を上流から下流へと伝えるいっぽうで、あらゆる生命を育み、ときには（「水に流す」という慣用句に表されるように）「穢れ」をも流し去る。人体でたとえるならば、江戸川や荒川、多摩川などの大河は大動脈であり、それを取り巻く小さな河川は毛細血管のようなものだ。ドクドクと流れるのは血液だけではない。人間の身体と同じように、いいものも悪いものも流れ込み、そして、それはすべてを浄化する大海へと注ぎ込む。

さて、そろそろ本書の舞台を川から海の世界、さらに「東京の奥」へと移すことにしよう。

**参考文献：**

江戸川区教育委員会編『江戸川の治水のあゆみ』（江戸川区教育委員会）
杉浦日向子『うつくしく、やさしく、おろかなり——私の惚れた『江戸』』（筑摩書房）
『江戸川区の民俗1』（江戸川区教育委員会）
東京の川研究会編『「川」が語る東京——人と川の環境史』（山川出版社）
メディアユニオン編『東京の川と水路を歩く』（有楽出版社）

『葛飾区の民俗Ⅳ 洪水の記憶』
葛飾区児童館職員研究会図書グループ編『葛飾のむかし話』
萬年一『葛飾百話――葛飾区の民話と伝説』（葛飾文化の会）
『ライフストーリーで綴る都市近郊農村の民俗と近代史1』（葛飾区郷土と天文の博物館）
高谷重夫『雨乞習俗の研究』（法政大学出版局）
『江戸川区の文化財 第12集』（江戸川区教育委員会）
網野宥俊『浅草寺史談抄』（金竜山浅草寺）
金森直治『浮世絵一竿百趣――水辺の風俗誌』（つり人社）
高柳金芳『隅田川と江戸庶民の生活』（国鉄厚生事業協会）
桐島像一『品川湾の投網』（近代文明社）

# 3 東京の海

## 現代に生きる海の民

## いのちを賛美する漁師町の歌（大田区羽田）

この本を書くまでぼくは知らなかったのだが、東京湾は深海魚の楽園なのだという。神奈川の観音崎と千葉の富津岬を結んだ東京湾の内側（東京湾内湾）の平均水深は一五メートル程度とそれほど深くはないが、観音崎・富津岬を越えた東京湾外湾になると、水深は一気に六〇〇メートルまで下がる。太陽の光さえ届かないこの深海は「東京海底谷」と呼ばれ、そこにはまるでモンスターのような深海魚たちが生息している。悪魔のような顔つきのゴブリンシャーク、「幻の巨大ザメ」と呼ばれるメガマウス、グリーンの目を持つヘラツノザメ。数年前には体長四メートルを越えるダイオウイカが捕獲され、話題を集めたりした。

この東京海底谷には多摩川水系と荒川水系の水が流れ込むことで豊富なプランクトンが生み出されており、深海魚たちはそうした豊かな環境で悠々自適（かどうかは知らないけれど）な生活を送っている。深海魚だけではない。木村尚『都会の里海 東京湾——人・文化・生き物』によると、東京湾で見つかった魚の種類は実に七〇〇種類。アジやサバ、ブリのような回遊魚もやってくるが、それらも東京湾に入った途端に脂が乗るというのだから、まったく魔法のような話だ。

東京は握り寿司発祥の地でもある。眞鍋じゅんこ『うまい江戸前漁師町』によると、江戸末期の文政中期、両国の与兵衛が握った酢飯に魚を乗せたことが握り寿司の始まりだとか。それまで食べられていたのは大阪風の「箱寿司」か、飯と塩と魚を漬け込んだ「なれ鮨」。酢飯に新鮮な魚を乗せ、さっと口のなかに放り込む握り寿司は、急激に人口が増加した江戸のファストフードとして発案された。そして、その需要を支えるだけの豊かな幸が江戸の海には溢れていたのだ。

木村尚が解説するところによると、東京湾は古来からの豊かな水域というわけではなかったらしい。海の環境が変わったのは江戸以降。爆発的に人口が増加し、生活排水が海に流されるようになると、そのなかに含まれる窒素やリンを利用した植物プランクトンも増加。それを食べる魚が増えることによって、江戸前の食文化は形成された。漁獲量のピークは昭和三五年（一九六〇年）ごろ。生活排水に有害成分が含まれ、工業廃水が流されることにより、東京湾の環境は大きく変容した。生活排水によって海が豊かになる場合もあれば、死滅する場合もあるわけで、まさに諸刃の剣である。

東京湾の環境は常にそうした変化を繰り返してきた。水質だけではない。海が埋め立てられ、じわりじわりと陸地が拡張していくなかで、一部の漁師たちは漁業権を放棄し、陸に上がることを余儀なくされた。東京という都市はそうやって海の暮らしと引き換えに、自身の領域を拡張させてきたのだ。

では、かつての東京湾ではどのような漁師たちが汗水を流していたのだろうか。

眞鍋じゅんこが定義するところによると、かつての江戸には大きく分けて三種類の漁師がいたという。ひとつは江戸前漁業が成立する以前の時代から続く地元の漁師。ふたつめは江戸以来の旦那文化として発展した遊漁船で、前章で取り上げた網舟はこちらに属する。そしてみっつめは徳川家康が大阪から連れてきた佃島の漁師たち。

ひとつめにあたる「地元の漁師」でいえば、江戸以前からの漁師町とされているのが本芝浦（芝浦）と金杉浦（芝）。このふたつの港は元浦と呼ばれ、中世以来の系譜を持つ江戸前漁業発祥の地とされている。その後江戸時代に入ると、徳川家に海産物を献上するための漁村八つが「御菜《おさい》八ヵ浦」として制定されるようになる。本芝浦と金杉浦に加え、品川浦（品川）、大井御林浦（大井・東大井）、生麦浦（生麦）、子安新宿浦（子安）、神奈川浦（神奈川）、そして羽田浦と呼ばれた羽田。


ここからはそのうち、現在も東京二三区唯一の漁師町を有する大田区の羽田に焦点を絞って話を進めてみたい。なぜならば、この羽田は「海の暮らしと引き換えに自身の領域を拡張させてきた東京」の姿を、もっとも生々しい形で歴史に刻んできた町だからだ。

まずは、羽田の歴史をざっと振り返ってみよう。郷土史によると、かつて羽田村と呼ばれていたこの一帯は、平安時代末期の平治の乱で平氏に敗れた源氏の落ち武者七人が開村したとされている。中世のころの羽田の漁師は後北条氏（小田原北条氏）に仕える水軍の兵士でもあったという説もあるが、そのあたりは伝説の域を出ない。

淡水と海水が混ざり合う豊かな水質もあって古くから漁業が行われ、江戸に入ってから羽田猟師町と呼ばれるようになった。天明年間（一七八一〜一七八九年）には村の名主、鈴木弥五右衛門が沖合の低湿地帯を譲り受けて開墾。文化一二年（一八一五年）に羽田猟師町から「鈴木新田」として独立し、人々が移住した。

現在このあたりには羽田空港が広がっているが、ちょっと信じられないことに、この一帯はかつて遊園地や羽田運動場も備えた一大観光地だった。もともと富士山と房総半島の山々を見渡すことができるという恵まれた景観に加え、明治後期には天然ガスと鉱泉が湧出。多くの旅館や料亭で賑わった。鈴木新田の中心となる穴守稲荷には各地からの観光客だけでなく、「穴を守る」という性的な連想から花柳界の女たちもやってきては手を合わせたという。

大正六年（一九一七年）には干潟の一角に日本飛行学校が開校。昭和六年（一九三一年）には東京飛行場が開設され、都心からもっとも近い観光地だった羽田は「飛行場の町」へと変貌する。昭和二〇年（一九四五年）になると東京飛行場および周辺地域がGHQにより強制接収。詳しくは後述するが、住む場所をGHQに奪われた周辺住民たちは、精神的支柱である穴守稲荷ごと移転を余儀なくされてしまう。昭和三三年（一九五八年）には施設が全面返還。その後、国際空港として開発が進められ、今日まで拡張工事が繰り返されてきたことはご存知のとおりだ。

そして、そのように「空港の町」へと変容を遂げるなかで、かつて御菜八ヵ浦のひとつに数えられた羽田猟師町の人々の多くは漁業権を放棄。陸に上がり、次の人生を模索していくことになる。

ある日ぼくは、そんな羽田に伝わるとある歌を耳にした。民謡研究家の町田佳聲《かしょう》と竹内勉が東京各地で採集した音源をまとめた『東京の古謡』というレコードに収められたもので、昭和三九年（一九六四年）八月の録音。その名も「羽田節」という。

録音は手拍子から始まる。民謡といっても、三味線や洋楽器の演奏がたっぷり入ったゴージャスな録音などではない。漁師町の男と女が集まり、代わる代わる自慢のノドを披露していくという極めて素朴なものだ。スタジオで録音されているわけではなく、おそらく畳の上で車座になって吹き込まれたのだろう。

輪のなかにはプロの民謡歌手がいるわけではない。だが、ひとりひとりの声の持つ力と、その録音が醸す生々しい空気感にぼくは引き込まれた。塩辛い浜風が染み込んだひと節ひと節がうなるたび、心がゾクッと震えた。それはある土地から湧き上がる生命の記録そのものであり、録音物を通して漁師町の暮らしに直接触れているというどこか艶かしい感覚があった。

そしてなによりも、「空港の町」としてしか認識していなかった羽田の地で、そんな歌が歌われていたという事実そのものがぼくにとってはカルチャーショックだった。

羽田節にノックアウトされたぼくは、二〇一七年秋、羽田の地を訪れることになった。羽田空港には数え切れないほど足を運んだことがあるものの、かつての漁師町である河口の集落を歩くのは初めての体験だ。

今も昔も羽田の象徴であり続けている穴守稲荷でお参りをし、空港と集落の間を流れる海老取川沿いを歩いていくと、川に突き出した形で祀られている小さな仏堂に出くわした。地元の人々の間では「カメノコ」という通称でも呼ばれている「五十間鼻《ごじゅっけんばな》無縁仏堂」だ。かたわらに建てられた掲示板には、その由来がこのように記されている。

創建年代は不明でありますが、多摩川、又、関東大震災、先の第二次世界大戦の、昭和二十年三月十日の東京大空襲の折には、かなりの数の水難者が漂着致しました。その方々をお祀りしていると言われております。もとは多摩川河口寄りの川の中に角塔婆が一本立っているだけで有りましたが、初代・漁業組合長の故・伊東久義氏が管理し、毎年お盆には盆棚を作り、有縁無縁の御霊供養をしていました。昭和五十三年護岸工事に伴い、現在地に移転しました。（中略）

新年の水難祈願として、初日の出と共に、羽田本町・日蓮宗長照寺住職ならびに信者の方々が、水難者への供養を毎年行っています。　合掌　堂守謹書

---

ジャンボジェットもまだ飛んでいない荒涼とした景色のなか、沖合から吹き込む潮風にさらされるように一本の角塔婆が立っている——そんな物悲しい光景が脳裏に浮かぶ一文だ。

この由来にもあるように、羽田の地には上流から多くの無縁仏が漂着したという。宮田登『空港のとなり町 羽田』によると、住民たちはそれらを大切に扱い、すぐさま供養した。供養を指揮したのは「富士講や御岳講の行者さん、イチコと呼ばれた巫女さん」などの拝み屋たち。近所の人々が供養棚を用意することもあったようだ。

仏堂で手を合わせ、撮影をしていると、地元の方と思われる男性がやってきて、仏堂の

入り口で静かに手を合わせた。手慣れたその動きを見るかぎり、おそらくそれが彼の日課なのだろう。東京西部で暮らしていると、無縁仏の供養のために手を合わせる機会はまったくといってないし、無縁仏という存在そのものが決して身近なものではない。だが、羽田ではこうした行為を日課のひとつとする住民がいる。

日常生活のすぐ横に生死の境界線があること。鎮魂の場があること。それは一体どのような感覚なのだろうか？　ぼくらは常に日常生活から死を遠ざけ、さもそれが存在しないかのような錯覚のもとに日々を送っている。

だが、川や海とともにある生活のなかでは、いくら遠ざけようとも、死は向こうからやってくる。いや、死が生そのもののなかに組み込まれているともいうべきだろうか。ぼくにはそんな暮らしはちょっと想像することができないけれど、羽田の人々はそうした暮らしをずっと続けている。

五十間鼻から多摩川沿いを歩いていくと、地元の漁民たちから厚く信仰されてきた玉川弁財天と水神社に出た。ここも穴守稲荷同様、昭和二〇年（一九四五年）の強制接収の際に現在の場所へと移されたらしい。神様も人間の都合であっちに移されこっちに移されと、なかなか大変である。

また、川沿いにいくつかの釣り船屋が並んでいること以外、ほとんど漁師町の雰囲気を残していないようにも思える羽田の町にも、大田漁業協同組合に所属する専業漁師たちがいる。彼らは水神社の例大祭である「水神祭」を取り仕切っていて、毎年一月と五月、祭りが執り行われているという。羽田は今も東京二三区唯一の漁師町としての姿を留めているのだ。

そうやって河口の集落を探索したあと、ぼくは羽田節保存会会長を務める大山義一さんのご自宅にお邪魔した。

大山さんは昭和二七年(一九五二年)の生まれ。空港の町になる以前、漁師町としての風情を辛うじて残していた時代の羽田のことを覚えている最後の世代だ。祖父の芳蔵さんが海苔の養殖を営んでいたため、大山さんにとって海苔作りの光景は身近なものだったという。

**大山義一さん**「いまから考えると田舎町ですよ。言葉も悪いし、同じ大田区でも山手のほうから見ると、ゴチャゴチャしたところというイメージ。昭和四〇年ぐらいまでは漁師町の名残りは残ってたんじゃないかな。海苔作りは朝の三、四時から始まるんです。向こう側に栈橋があって、そこから舟が出ていって、夕方になると舟が帰ってくる。海苔の入ったカゴを下ろして、リアカーでここまで運んでくるんですよ。そういう風景を子供のころから見てました」

羽田の海において海苔の養殖が許可されたのは明治三年（一八七〇年）、海苔の漁場が成立したのは明治三〇年代とされている。それまで羽田の漁師たちは沖合でカニやシャコをとり、サワラやスズキ、もしくはアサリやハマグリなどをとって生計を立てていたが、明治以降になって羽田の漁業の中心は海苔の養殖へと移り変わっていく。ただし、海苔を養殖するにしても漁業権が必要だったため、誰でも海苔の養殖ができたわけではなかったらしい。

そうした羽田の漁業に衰退が見え始めたのは、多摩川や東京湾の水質汚染が深刻化し、埋め立て事業が推進された昭和三〇年代半ば以降。大山さんも「昭和三五、六年ごろには工業化で水質も悪くなっていたし、だいぶ海苔も取れなくなってたんじゃないかな。なにせ川崎のほうには工場がみっちり繋がってたからね。昭和四〇年代は本当にひどかった。まさに死の川」と話す。

かつてのように海苔バブルの時期であれば、埋め立て事業に対して海苔業者たちも反対の声を上げただろうが、時代の変化に対するある種の諦念もあったのだろう。海苔業者たちの多くは漁業権を手放し、陸に上がって違う仕事を探すこととなった。

大山義一さん「ドタバタといろんなことがありましたよ。漁業権を手放すと保証金が降りるわけで、それを目当てとする金融機関のお兄さん・お姉さんが右往左往してね。なんとか取り入れようと、子供たちにアイスクリームかなんか奢ったりね(笑)。蒲田のキャバレーでじゃんじゃんお金を使っちゃう人がいたり、山手のほうの人たちからはよく思われてなかったみたい。五、六〇代の人はそれから新しい仕事を探すのもナンだからってアパートを建てた人も多かったし、若い人は仕事を探して他の土地へ移っていく者もいた。昭和三〇年代後半だと、ウチの親父はまだ三〇代でしたから、いろんなことをやってましたよ。最終的には大手セメント会社の傘下で工場を始めたんです。高速や第三京浜を作るっていうんで需要があったんでしょうね、うまい具合に転業できた。それぞれにいろんな思いがあったと思いますよ」

羽田の住民は常に羽田空港の建設と拡張に翻弄され続けてきた。終戦の一か月後には羽田空港の拡張工事のため、羽田鈴木町、羽田穴守町、羽田江戸見町という三町に住む一二〇〇世帯がGHQから強制退去を命じられた。与えられた時間はたった四八時間。転居する家がないものは、神社や土手に逃げ込んだりしたらしい。

平和

その際羽田のシンボルであり宗教的中心地であった穴守稲荷の転居も試みられたが、当時の少々おどろおどろしい逸話が残されている。拝殿などの移動は無事済んだものの、昭和初期に建てられた赤鳥居を倒そうとロープをかけたところ、ロープが切れて作業員たちに死傷者が出たというのだ。その後も滑走路の拡張工事のため、この赤鳥居に手をかけるたびに怪我人が出たり、機器に不良が起きる。そのため、滑走路の整備が進むなか、この赤鳥居だけは手付かずのまま残されることになった。一九九九年には八〇〇メートルほど南の位置に移動されたものの、赤鳥居は現在も多摩川沿いの一角にどっしりと鎮座している。その堂々とした姿は、この羽田の地が宗教的な意味を持つ土地だったことを誇示しているようにも思えた。

そろそろ本題の羽田節に話を移そう。

ぼくが耳にしていた羽田節は昭和三九年（一九六四年）八月の録音だったわけだが、それからしばらくして、そこに収められていたような古いタイプの羽田節は絶滅の危機に瀕していた。この歌はもともとは漁師たちが祝いの席や宴会で歌っていたものだが、一九六〇年代前半から漁師たちのコミュニティーが崩壊。土地を離れたり、他の仕事に就く者が増えていくなかで、少しずつ羽田節を歌う場そのものが失われていったという。

そうしたなかで羽田節の継承に危機感を覚えた大山さんの祖父、芳蔵さんの指揮のもとで歌の再生プロジェクトがスタート。一九六〇年代前半に一度羽田節の再生が試みられたようだが、昭和四八年（一九七三年）に羽田節保存会が結成されると、その動きは加速。新たな振り付けが考案されたほか、古老たちの歌をもとに三味線や尺八、太鼓を加えた形での編曲が施され、レコード化もされた（歌い手は吉沢浩、発売はキング・レコード）。

芳蔵さんは一九九九年に九九歳で亡くなったが、大山さんはその遺志を受け継いで今も保存会を率いている。

**大山義一さん**「ウチの爺さんのなかでは、昔ながらの羽田節がなくなってしまうんじゃないかという危機感があったんだろうね。それで元の歌を楽譜に起こして、三味線や太鼓を入れて作り直した。昔の羽田節には踊りがなかったんだけど、普及させるのには踊りが必要だと思ったんじゃないかな。六〇歳を過ぎてから踊りも習って、その先生に振りを付けてもらったんです」

現在の保存会の平均年齢は七〇歳を超えている。かつての羽田では、漁業関係者ならば羽田節を歌えてあたりまえ、歌えて初めて一人前などとも言われたそうだが、現在は保存会の会員でも羽田節を歌える人はほとんどいないらしい。大山さんに『東京の古謡』に収められた録音を聴いていただいたが、「これはずいぶん古い録音ですね」と驚かれてしまった。

**大山義一さん**「こういう昔ながらの羽田節を実際に聴いたことのある人は保存会のなかでもほとんどいないと思う。私にしたってホントの羽田節はナマで聴いてない。結婚式や宴会、棟上げや進水式のときは必ず歌うもので、みんなで代わる代わる歌っていたらしいという話は聞いたことがあるけど、ほとんど伝説みたいなものというか。習慣としてはおそらく戦前で終わっちゃったんじゃないかな」

そこまで話すと、大山さんはポツリと「戦後の羽田はいろんなことがあったから、そんなことをやってる余裕もなくなっちゃったんですよ」と言葉を漏らした。「いろんなこと」――その言葉にはたくさんのニュアンスが込められているように感じた。

大山さんが部屋の奥から芳蔵さんの大変貴重な手記を出してきてくれた。表紙には『羽田節の復活について』という力強い文字。なかには羽田節に対する芳蔵さんの思いが手書きでみっしりと綴られている。

この手記では、四国で流行していた民謡がとあるルートで羽田に伝わり、羽田節の原型になったとされている。ここに記された古老の言い伝えによると、羽田では海上航路の安全のため多摩川の河口に常夜灯が設置されていたが、この常夜灯は金刀比羅宮《ことひらぐう》の灯火が元になっていたという。

香川県仲多度郡の金刀比羅宮を総本山とする金比羅様（手記中では「琴平様」）は、漁師たちからの信仰を集めてきた海上交通の守り神。都内でも港区の虎ノ門や品川区の荏原などいくつかの箇所で金比羅様が祀られており、東京でも比較的メジャーな神様だ。羽田の漁師たちも金比羅様を信仰しており、毎年代表者が遍路姿で旅をし、喜捨を受けてはそれを金比羅様に奉納していたらしい。そして、そのなかのひとりが四国でとある歌を覚え、それを羽田に持ち帰って羽田節が生まれたというのだ。こうした話は伝説めいたものが多く、どこまでが歴史的事実なのか判別しにくいものも多いが、芳蔵さんはこの常夜灯の話を古老たちからよく聞かされていたという。

羽田の地は海と川を通じてさまざまな地域と結びついているが、なかでも交流が盛んだったのが、多摩川の向こう岸にあたる川崎。羽田節は明治四〇年（一九〇七年）ごろ研究者などによって「羽田節」と命名されるまでは「めでたい節」と呼ばれていたが、川崎では今も「大師めでたい節」という歌が歌われている。この歌は羽田節と同じように結婚式や船下ろしの席などで歌われていたそうで、羽田と川崎の若者たちが婚姻関係を結んだり、さまざまな交流が行われるなかで自然と歌が伝わっていったものと思われる。

そうした婚姻関係は川崎との間に限らず、千葉と羽田の漁業関係者が結婚することもあったらしい。

**大山義一さん**「(木更津市の)牛込とかでは海苔もやってたから、技術を教えにいったり、タネをとってきたりと、漁師間でかなり交流があったと聞いてます。今はアクアラインで一五分だけど、昔も船でいけば一時間ぐらいだから。最近まで千葉のおばちゃんがアサリやアオヤギを売りに来たんだけど、どうしてるのかな。ただ、競争相手となる大森の人たちとは交流がなかったと思う。大森は大森でプライドがあったように、羽田は羽田でプライドがあったから」

大山さんが「この一節が羽田節で一番大事だと思うんですよ。ある意味、真髄」と話す一節がある。

「お背戸に蔵が七棟まえ／七棟まえの蔵よりも親が大切」

そして、その一節を受けて、「よかったよかった」という囃子言葉が続く。羽田節とは「めでたいめでたい」とその場と人を褒め称える。それはいわば、生きることの肯定であり、命の肯定だ。死と隣り合わせの地で生きる人々は「七棟まえの蔵よりも親が大切」と命の繋がりを讃え、「よかったよかった」と声を合わせていた。コミュニティーを繋ぐものであり、コミュニティーを賛美する歌。かつての羽田節はそういうものでもあったのかもしれない。

大山さんの自宅を出るころには日も傾きつつあった。川向いの川崎ではびっしりと立ち並ぶ工場が白煙をあげていて、自分が立つ羽田側とは別世界が広がっている。

数時間前と同じように玉川弁財天と水神社で手を合わせ、ふたたび五十間鼻に足を運ぶと、時は逢魔時に近づいていた。仏堂に手を合わせると、羽田空港から飛び立つジャンボジェット機が視界に入った。離陸する音はまったく聞こえない。無音で飛び立つその光景はどこか現実味がなく、まるで異界へと飛び立つ架空の乗り物のようにも思えた。

ぼくは足早に五十間鼻を立ち去ると、品川と羽田空港の間を繋ぐ京急線の電車に飛び乗った。

## 生と死の境界線上で踊る「佃島の盆踊」（中央区佃）

「コラヤートセー、ヨーイヤナー、コラショイ」――朱塗りの佃小橋の向こうから、音頭取りの歌と太鼓のリズムが聴こえてきた。その歌は口説きと呼ばれる盆踊りの古い形式を残すもので、このあたりの盆踊りでよく聴かれる「東京音頭」や「炭坑節」とは違い、古風な趣きがある。

佃小橋からさらに歩みを進めると、そこには時間が止まったかのような風景が広がっていた。風格のある櫓と提灯が張り巡らされた通りの横には、昔ながらの駄菓子屋と酒屋。周囲には味のある木造家屋が並んでいる。櫓の上には太鼓がひとつだけ。音頭取りはその太鼓を叩きながら、片手でマイクを握って音頭を取っている。踊り手たちの動きは実にゆったりとしていて、みな黙々と身体を動かしている。そんな踊りの輪に向け、地元の年輩男性がこんな声をかける――「これは供養の念仏踊りですからね。みなさんそのつもりで踊ってください」。

これは東京でもっとも古い盆踊りの形態を残すとされ、都の無形民俗文化財にも指定されている「佃島の盆踊」の光景だ。

東京という都市は、全国的に見てもかなり多くの盆踊りが行われているところでもある。ただし、そのほとんどが戦後、それも高度経済成長期以降になって始められたもの。それ以前はというと、一部の地域で行われていたぐらいで、現在のようにそこいら中で盆踊りが行われているわけではなかったようだ。

だが、「佃島の盆踊」は江戸時代から始まり、姿形を変えながら現在まで続けられている東京で唯一の盆踊りだ。スクラップ&ビルドの町である東京において、江戸由来の盆踊りが継承されていることは奇跡といってもいいだろう。

しかも、それが行われているのは、老舗百貨店や世界的なファッション・ブランドの路面店が立ち並ぶ銀座や日本橋からも目と鼻の先の地域。東京都中央区佃を現在の町名とするこの地区は、もともとは東京湾の一角に浮かぶ佃島という小島だった。

かの葛飾北斎が描いた江戸時代後期の名所絵シリーズ「富嶽三十六景」のなかに、当時の佃島をモチーフとする「武陽佃嶌」という作品がある。「富嶽三十六景」は紺青を用いて江戸時代後期の江戸の風景を描いた北斎の代表的な仕事だが、「武陽佃嶌」もまた、江戸の内海と空を彩る藍色が印象的な作品だ。そうした色彩のなかに、まさに離れ小島のようにぽつんと描かれているのが当時の佃島。島のまわりには海産物を積んだ漁船がぷかぷかと漂っていて、この島が漁業の島であることを示している。

こうした光景は、島の周辺が埋め立てられ、いくつもの大橋によって他の地域と連結された現在の佃島からはすっかり失われている。だが、佃島という土地の根底には、離れ小島だった時代の記憶や風土が沈殿していて、それが佃島という場所をいまも特別なものにしている。

のちに佃島と呼ばれることになる干潟に最初に住み始めたのは、摂津国西成郡（現在の大阪市西淀川区）佃村・大和田村から移り住んだ人々だった。彼らは家康が江戸に入城する際、家康の食膳に供する魚をとるためにわざわざ摂津から呼び寄せられた漁師たち。当初の彼らは江戸の内海が漁業に適した漁場なのか調査するため試験的に移住したとされるが、そこが家康の好物である白魚の豊かな漁場であることがわかると、三十数名の漁民と家族、さらには住吉神社の神主とともに、日本橋小網町に建つ石川大隅守の邸宅に住むこととなる。中沢新一は『アースダイバー 東京の聖地』のなかで、それが慶長一七年（一六一二年）のことだったとしている。

また、家康は「とある理由」から摂津佃島の漁民たちを優遇し、慶長一八年（一六一三年）には「江戸近辺の海と川であれば、どこで漁をしてもいい」という特権すら与えた。当然のごとく地元の漁民たちとのトラブルが頻発したが、幕府のお墨付きの効力は大きい。湾内で佃島の船がやってくると、他の漁師たちはトラブルを避けて逃げることさえあったという。

なぜそこまで摂津の漁師たちは優遇されたのだろうか？　このあたりは佃島の歴史を辿る意味でも大変興味深いミステリーではあるのだが、この点については追って触れることにしよう。

なお、摂津の漁師たちは江戸の湾内でとった魚介類を幕府に献上していたわけだが、ビジネスマンとしての嗅覚に優れていた彼らは、余った漁獲物を日本橋のたもとで販売するようになる。それが関東大震災をきっかけに築地に移るまで、約三〇〇年に渡って江戸の住人たちの胃袋を支えた日本橋魚河岸のルーツとなった。

摂津の漁師たちが自分たちの居場所となる「佃島」を築き上げたのは正保元年（一六四四年）のことだった。彼らは蘆の生い茂るばかりのその干潟を埋め立て、故郷の地名をとって佃島と名付けた。それは江戸の人々とは異なる言語と風習を持つ摂津の漁師たちが、「佃島」という自分たちのコミュニティーを築き上げた瞬間でもあった。

明治二五年（一八九二年）に月島と地続きになるまで、佃島は渡し舟でしか行き来できない場所でもあった。島には群馬や千葉など他の地域から移ってきた人たちもいたとされるが、さまざまな文化が伝播したとしても、そこで完結してしまう、そういう場所だったという。

江戸の内海に浮かぶその人工島は、ある種の独立国家のような場所でもあったのだろう。そうした特殊な土地のアイデンティティーは、島が作られてから四〇〇年近い月日が経過しようとしている現在においても、住民たちの深層心理のなかで受け継がれている。

『佃島の盆踊──歴史伝承と踊り唄の記録』には、島の盆踊りのルーツに関して、いくつかの説が挙げられている。

ひとつは、佃島の住民が摂津に住んでいたころに起きた浄土真宗の門徒講を二分する紛争（通称「石山合戦」）の際、勝利した鈴木飛騨守派があげた勝ち名乗りの所作がルーツになっているという説。

もうひとつは、明暦の大火（一六五七年）で焼失した本願寺の再建に際し、寺への勧化（信者に寄付を勧めて集めること）のために佃島の住人たちが江戸市中で行った盆踊りをルーツとするという説。

前者の「勝ち名乗りの所作説」は、佃島のルーツが摂津にあることを強調するための説という気もしなくはないが、後者については実際、佃島の住人たちは本願寺が築地に再建された延宝八年（一六八〇年）の盆時期から江戸のあちこちで勧化のための盆踊りをやっていたという。

当時の盆踊りとはいったいどのようなものだったのだろうか？　資料がほとんど残っていない現在でははっきりとしたことはわからないが、近隣の住民とは異なる風習を持ち、異なる言語を話す摂津の人々が本願寺のために鐘を打ち鳴らしながら江戸の町を練り歩いたわけだから、多種多様な人々が行き交うコスモポリタンである江戸の町においても、その光景はかなり奇妙なものに映ったはずだ。そのうえ、佃島の漁師たちはただでさえ幕府から特権的な漁業権を与えられ、他の港の漁師たちから恐れられていたアンタッチャブルな存在である。

贅沢や特権的なものを禁止する天保の改革の際、勧化のための盆踊りも厳しく取り締まられるようになったと言われている。明暦の大火のあとから始まり、天保年間（一八三〇〜一八四三年）のころまで行われていたということは、勧化のための盆踊りは約二〇〇年近く続いた計算になる。

天保のころ、盆踊りは佃島という「ホーム」に場所を固定して行われるようになったともされている。江戸時代後期のこの段階で、盆踊りは比較的現在に近い形で行われていたようだ。

『佃島の盆踊――歴史伝承と踊り唄の記録』には明治四年（一八七一年）に浮世絵師の昇斎《しょうさい》一景《いっけい》が描いた「東京名所十二ヶ月 七月 佃島盆おどり」が掲載されているが、これを見ると、当時の盆踊りがすでに現在と同じナンバ振りで踊られていたことがわかる。ナンバ振りとは、右手と右足、左手と左足を同時に動かすという明治以前の日本人が日常的に行っていたとされている歩行法を振り付けに導入したもの。

佃島で働く漁業関係者には、実際に海に出る漁師ばかりでなく、棒手振《ぼてふ》りと呼ばれていたような商人や問屋も多かった。彼らは天秤棒を担ぐことも多いわけだが、天秤棒でバランスを取ろうとすると、自然にナンバ振りのような所作になるはず。そうした日常的な身体の動かし方が盆踊りに採り入れられたというのは大いにありえることだろう。踊り唄の切れ目に囃す声も、どことなく船の漕ぎ歌を想起させるものだ。

現在の「佃島の盆踊」の振り付けは、いたってシンプルなものだ。踊りの輪のなかで見よう見まねで踊っていれば、五分も経たないうちに身体が振り付けを覚え、なんとなく踊りの輪についていけるぐらいにはなるだろう（ただし、踊りが様になるまでには、当然それなりの時間がかかる）。

だが、踊ってみるとわかるのだが、この踊りがなんとも奥深い。日本舞踊をもとにした「東京音頭」のような現代的な盆踊りとは違い、最初はちょっとした違和感というか、身体にすんなりと馴染まないような振り付けではある。だが、踊っているうちに自分のなかに眠る明治以前の身体性が炙り出されていく感じとでもいおうか、普段使わない脳と身体をフル稼動させられるような感覚になるのだ。

そして、そんな振り付けのなかには、長い時間をかけて佃島の生活のなかで培われてきた海の民としての身体性がいまも冷凍保存されている。佃島ほど盆踊りの振り付けと土地の歴史が密接に結びついているケースは、東京でもそうそうないはずだ。


二〇一七年九月二一日、ぼくは築地本願寺の本堂の中にいた。

現在の築地本願寺の本堂は昭和九年（一九三四年）に竣工されたもので、建築家の伊東忠太による古代インド風の意匠が随所に施されている。どこかエキゾチックなその作りは一日いても飽きないほどの見所に溢れていて、ぼくは以前からたまにこの本堂にやってきては、長椅子に座ってただ漠然と時間をやりすごしたものだった。

明暦の大火で本願寺が焼失した際、佃島の住人たちが再建に尽力したことは先に触れたが、佃島と築地本願寺は現在でも切っても切れない関係で結ばれている。そもそも佃島の住人と本願寺の結びつきは摂津にいた時代からの話であって、築地本願寺の檀家のなかでも佃島の人々はいまも特別な存在なのだという。

そんな佃島ゆかりの築地本願寺の本堂のなかで、ぼくは佃島盆踊保存会の代表である山田和治さんと肩を並べて座っていた。佃島の隣町である月島のご出身ながら、縁あって「佃島の盆踊」に携わるようになってから四〇年以上。佃島のコミュニティーを外から見つめながら、盆踊保存会の代表という重責を務めてきたお方だ。

九月の終わりだというのに、この日はひどく暑かった。本堂の奥では僧侶がお経を唱えている。ぼくらは汗を拭いながら、他の参拝者の邪魔にならないよう小さな声で会話を続けた。

**山田和治さん**「私が盆踊りに関わりだした時分は三〇（歳）そこそこで若かったたし、同世代の連中と同じように遊びにいきたくて仕方なかったんですよ。そもそもなんでこんなに暑いときにやるのかなあと思ってました」

そう話し、山田さんはもう一度汗を拭った。山田さんは昭和二一年（一九四六年）、月島のお生まれ。「もともとは芝神明商店街の系統で、米屋をやってたんです。祖父の代になってこっち（月島）に移ってきた。それが明治年間と聞いていています」という。

現在では「もんじゃの町」として知られる月島だが、東京湾の埋立事業の先駆けとなる東京湾澪《みお》浚《さらい》計画の一環として月島の地が誕生したのは明治二五年（一八九二年）のこと。わずか一二〇年ほどの歴史しか持たない新しい土地なのだ。戦時中には重工業地帯として発展。多くの鉄工所が作られた。昭和三九年（一九六四年）に佃大橋が完成すると、佃島と月島を隔てていた佃川が埋め立てられて地続きになった。

山田さんの幼少時代、入船や湊など隅田川の対岸から佃島に渡る手段は渡し舟しかなかった。舟でしか行けない場所というのは、子供にとってはたとえ目と鼻の先の島だったとしても別世界だったはず。かつて佃島の人々は隅田川の対岸に渡るだけでも「江戸に行ってくる」と言っていたという話を聞いたこともある。

**山田和治さん**「友人が言っていたのは、渡し舟に乗って芸者さんが住吉様に初詣に行ったりと、他の地区の人間が佃島に行く機会はあったわけですけど、そもそも遊びに行くような場所じゃなかったということ。学校が違うし、同級生もいない。それは大人も一緒ですよ。時代劇や映画の影響もあって、佃島に対していいイメージを持ってないわけです。日本橋や京橋ぐらいの人たちからすると、川向こうの月島や佃島なんて中央区だとも思ってないし、夜遅くになると、都電や都バスがなくなり、徒歩かタクシーで行くしかなかったんですよ。昭和五〇年代でもそんな感じでした」

山田さんが「佃島の盆踊」に関わるようになったのは昭和五一年（一九七六年）。東京都の無形民俗文化財に「佃島の盆踊」が指定された際、同世代の若者たち七、八人とともに運営の手伝いをするようになった。山田さんは独特の口調で当時のことを振り返る。

**山田和治さん**「子供のころから佃島で何かやってることは知ってましたけど、盆踊りには興味もないし、行ったら行ったで『この土地の人間じゃないのに、なんで遊びに来てんだ？』と言われそうでね。あんまり行ったことがなかったんですよ。なんで月島の私に声がかかったかって？　佃島の友人である藤間純一郎という男から『手伝ってくれ』と声をかけられたから。軽い感覚だったんです。だって、昭和五一年だよ？　戦争が終わって三〇年以上も経って、世の中が未来に向かっているときに盆踊りなんて今ほど評価されていなかったし、盛んではなかったと思う。実際、他の地区からは誰も来なかった」

ちなみに、一九七〇年代に盆踊りが下火になったのは、なにも佃島だけの話ではない。高度経済成長期が終わり、オイルショックの時代になると、各地の盆踊りが存続の危機に瀕したといわれている。第一次ベビーブームの団塊世代が子育ての時期に入り、古くからのコミュニティー活動に携わる余裕もなくなったこともあるだろうが、山田さんが言うように「世の中が未来に向かっているときに盆踊りなんて見向きもされなかった」ということが一番の要因だったのかもしれない。

山田さんによると、踊り手がふたたび増えてきたのは平成に入ってから。「それまでとは違って景気もよかったし、ＰＲを始めた影響もあった」と山田さんは話す。

**山田和治さん**「最初のころは（保存会も）ふざけていたところもあったし、主催としての意識もいまいちだった。『手伝ってくれ』と言われたときも（現在の音頭取りである）ツネさんの義理の兄さんである黒部さんに『佃島の人間じゃないけど大丈夫なんですかね？』と聞いたんだよ。集まったら集まったでみんなバラバラだし……」

では、それでも山田さんが盆踊りに関わり続けてきたのはなぜだったのだろうか？

**山田和治さん**「（即答して）別に意味なんかないですよ。やるんだったらちゃんとしたもののほうがいいなというぐらい。文化的に残したかった？　そんなものはありません！　私は地元の人間ではありませんから、あくまでも佃島の年中行事のお手伝いという感覚なんです。二代目の保存会の代表である浦井くんが亡くなって、そのあとを引き継いでから、保

存や整備に本格的に取り組むようになったんですよ」

その回答に納得しないぼくは食いさがる。地元である月島ではなく、佃島のために山田さんはなぜここまでの労力と時間を費やすことができたのだろうか？

**山田和治さん**「歌がちょっとおもしろいのと、無縁仏の供養という程度のことで、大したことじゃないんですよ。特別なことじゃない。本当にそれに尽きるんです」

山田さんとの会話は数回に分け、トータル六時間ほどに及んだ。山田さんのなかには、佃島のことは佃島の人間しか語れないという

（ほとんど信念のような）強い思いがある。ぼくはそのことを後から知った。

だが、山田さんは六時間の会話のなかで、「佃島の盆踊」に関する大切なヒントをぼくに与えてくれた。そのことについては追って触れたいと思う。

「佃島のことを話してもらうのは飯田さんが一番いいと思いますよ。お姉さんも古いことをよく知ってますし」——山田さんがそう話す飯田恒雄さん・田島正子さん姉弟とお会いすることになった。「佃島の盆踊」に馴染みのある方はみな親しみを持って「ツネさん」と呼ぶ飯田恒雄さんは、佃島にはなくてはならない音頭取りだ。「佃島の盆踊」に足を運ぶたびにいつかお話をお聞きしたいと思っていたのだが、山田さんの計らいで取材が実現することになった。ぼくは興奮した。

二〇一七年一〇月一日、朝一〇時。佃小橋のたもとで山田さんと待ち合わせることになった。約束の一〇分前に到着すると、下駄履き姿の山田さんがすでに待ち受けている。「さ、行きますか」という声に誘われ、ツネさんのご自宅へ。玄関の横には戦時中、消火のために作られたという用水タンク。玄関を入ってすぐのところには土間があり、現役の井戸もある。ツネさんのお姉さんである正子さんは「今でもいい水が出るんですよ」と言い、じゃぶじゃぶと水を汲み上げた。少しだけ手にとると、冷たくて気持ちのいい水である。

「おい山田！　実は頼みがあるんだよ」——挨拶もそこそこに、ツネさんの威勢のいい声が築百年は超えているだろう木造家屋に響き渡る。

**飯田恒雄さん**「あのな、クーラーの調子がダメなんだ」

**山田和治さん**「わかりました。例のところに話しておけばいいですね？」

**飯田恒雄さん**「そうそう、ちょっと頼む」

**田島正子さん**「よろしくね！」

まるで映画のなかからそのまま抜け出してきたような威勢のいい会話だ。ツネさんの口調は自分がイメージする江戸ッ子のそれ。気風がよく、独特のイントネーションがある。ここからはそんなツネさんと正子さんの口調を感じていただくため、インタヴュー時の発言をそのまま文字に起こしてみたい。

——お生まれは何年でいらっしゃいます？

**飯田恒雄さん**「アタシが生まれたのはねえ、昭和一三年の八月一三日。この人（正子さん）は昭和一〇年。ウチは代々ここ。もともとは大阪から渡ってきたうちのひとりって話もあるけど、それも定かじゃないよね。だって、そのときの人が生きてるわけないんだし、生きてたらこれ（と幽霊の真似をする）だからね（笑）」

――家業はずっと漁業関係なんですか。

飯田恒雄さん「魚河岸の時分から魚屋をやってて、漁師もやってたと聞いたな。このあたりは漁師か魚屋が多かったけど、日本橋の時分から商売してるウチは多くなかった。日本橋の市場の起源を辿ると、佃島の人が始まりだっていうんだから。このあたりの漁師が自分たちで魚を獲ったんだけど、余るからそれを市場に持っていったというのが魚河岸の始まり。あんたがたも江戸前って言葉をよく聞くよね？」

――はい、聞きますね。

飯田恒雄さん「江戸前っていうのは、東京湾のなかでも、こっちかたは品川、こっちかたは船橋。そこで獲れた魚を江戸前っていうの。品川から先、子安とかさ、本牧のほうにいっちゃうと、同じ東京湾でも江戸前とは呼ばない（ピシャリと膝を打つ）」

田島正子さん「船橋の先の木更津でも江戸前江戸前っていうけどねえ」

飯田恒雄さん「木更津は江戸前と呼ばない！（ふたたびピシャリと膝を打つ）今は東京湾で獲れた魚は全部江戸前っていうけどね、昔はそうだったの」

佃喜八
たじま

まるで落語家の小噺を聞いているような気分になってきた。テンポのいいツネさんの話に対し、正子さんが絶妙なタイミングで合いの手を入れる。こちらは「ほほう、そうなんですか」と相槌をうつぐらいのことしかできない、完璧な小噺である。ツネさんの話は続く。

**飯田恒雄さん**「佃島の漁師っていうのはさ、徳川さんから免除をもらってるから。佃の漁師に限って、刀を刺していいですよ、苗字をつけていいですよ、と。それから東京湾内で働いてもいいですよというお墨付きをもらってたの。どこで漁をしても誰も文句が言えない。文句があるなら徳川に言え。そういう時代があったの。ウチにもあるんだよ、宮内庁からの感謝状が」

——感謝状ですか？

**田島正子さん**「そう。二階にいけばあるんじゃない？　外してあるけどね」

**飯田恒雄さん**「佃の漁師は三月になると佃島漁業協同組合として白魚を徳川さんと天皇家へ献上してたんだよ。煙草とかと一緒に、天皇家と徳川さんから感謝状が送られてきた。徳川さんの感謝状はおそまつなもので、大したものじゃなかったけどな（笑）」

**田島正子さん**「宮内庁だかどこからか、金杯も送られてきたっていうんだから。でも、戦争が激しくなった時分にウチの母親が全部出しちゃって、なんにもなくなっちゃった」

時計の針を一気に巻き戻すかのようなタイムスリップ感にクラクラしてくるが、頭を落ち着かせておふたりの幼少時代の話に移ろう。ツネさんが昭和一三年、正子さんが昭和一〇年のお生まれだから、戦時中から終戦直後の話だ。

**飯田恒雄さん**「ここで生まれた子供というのはね、学校に行く前に泳げるようになっちゃうの。周りが全部川だから。あのころの子供はみんなふんどしだったんだけど、みんなお宮（住吉神社）にいって『おばちゃん、ふんどしくれ』と言うの」

**田島正子さん**「赤いのがいいか、青いのがいいかと聞かれてね（笑）。なんでだと思う？お宮さんで鈴がついてんのあんでしょ。あれのアガリをくれるの。わっははは」

**飯田恒雄さん**「母親に『ふんどしくれ』っていうと、『お宮に行っておいで！』と言われてね。ウチのおふくろの考え方っていうのはおもしろいんだよ。ウチの親父はさ、ほかにネエちゃんがいたから（家に）来るわけだよ」

**田島正子さん**「何人もいたのよ（笑）」

**飯田恒雄さん**「それぐらい稼いでたってことでもあるわけだけど。おふくろは冗談じゃねえってわけだよ。親父のやつは好き勝手なことしてるんだから。子供たちにはボロなんか着せておけるかってのがうちのおふくろの考え方。だから、俺たちはさ、着るもんに不自由したことはないよ」

**田島正子さん**「昔はね、お正月や盆、暮れになると二号さんも紋付の羽織を着てご挨拶に来るのよ。清元のお師匠さんでね、ウチではみんなそのお師匠さんのところにお稽古に行ってた。その人が私に言う言葉がいいの。それも父親がいなくなってからよ？『お宅のお母さんは苦労したんだから、正子ちゃん、親孝行してくださいね』って。私は『いったい何を言ってんの？　あんたがいたから苦労したんじゃないの！』って思ってた（笑）」

――わはは。

**田島正子さん**「住吉さまのお祭りになると、ウチなんて博打打ちの山よ。ウチに泊まっていくの。お母さんがみんなに『ほら、あがって！』と言っても誰も上がらないのよ。だから、おこわを出して『ほら、みんな食べなさい！』というの。そういう母親だったから、人の出入りは一向にかまわない。ウチはカタギだけど、そういう人も出入りしてたの」

――博打打ちはお祭りのときに商売するんですか。

**田島正子さん**「いや、お神輿についてくれるの。なにか間違いがあっちゃいけないから」

――警備員みたいものですね。

**田島正子さん**「そうね。そういう人たちがウチにくるから、母親はご飯を食べさせてやってたの。ペーペーの博打打ちなんかは家の外で待ってて、絶対あがってこない。親分にわらじを履かせたり、出番になったら呼びにくるんですよ。『親分、時間ですよ』って」

――そういった博打打ちは佃政《つくまさ》一家の方なんですか。

**飯田恒雄さん**「そう、佃政一家の連中。いまは全部いっしょくたにしちゃうけど、なんでもかんでも暴力団でいっしょくたにしちゃダメなんだって」

**田島正子さん**「ああいう人たちもいなきゃ困るんだから」

佃政一家とは、佃島出身の「河岸の佃政」こと金子政吉を親分とする任侠集団。政吉は常に佃島の住民のために奔走し続けたローカルヒーローでもあった。

昭和九年（一九三四年）五月発行の『話』に掲載された陸直次郎「逸話の佃政親分」によると、安政四年（一八五七年）に佃島の漁師の子供として生まれた政吉は、幼少時代から江戸市中でしじみ売りとして一家の生計を支えていたという生粋の佃っ子。関東大震災のときには佃島を火災から守り、魚河岸で揉め事が起きるたびに仲介役を担った。そのため、昭和九年に七八歳で死去するまで、佃島では「生き神様」として尊敬されたという。

関東大震災後の築地魚河岸を舞台とする映画『日本侠客伝 関東篇』（昭和四〇年）では、この「河岸の佃政」をモデルとする役柄が登場する。世話になった小売問屋、江戸一への義理を果たすヤクザ者「佃の勝」がそれで、演じるのは鶴田浩二。義理に厚く、荒っぽい河岸気質の持ち主で、対抗する石津組のヤクザから「てめえ、どこのもんだ！」と問われると、「ここの潮っ気で育ったもんだよ」と返す。全盛期を迎えていた鶴田浩二の色気もあって、男のぼくでも惚れ惚れするほどの格好よさだ。

もちろんこの映画での「佃の勝」がどれほど実在の「河岸の佃政」のキャラクターをトレースしたものか分からないが、生前の佃政について記したさまざまな記述を読むかぎり、彼が「義理に厚く、荒っぽい河岸気質」を持った人物であったことは間違いなさそうだ。

ところで、ぼくはツネさんにどうしても聞きたいことがあった。それは伝説の音頭取りとされる井関辰之助のこと。竹内勉の『民謡地図4 東京の漁師と船頭』のなかでは、この井関辰之助について「魚屋を商売にする、べランメエ調のサビ声の音頭取り」と紹介されている。時は昭和三六年（一九六一年）七月一四日。佃島に足を運んだ際のことを、竹内はこのように描写している。

縮みのシャツは着ているが、細い身体つきの気の弱そうな青年が、時折り、レコードに合わせて太鼓を叩いて拍子を取るが、長くは続かない。そうこうするうちに踊りの輪が二重になった。

その時である。住吉神社への参道のほうから、大柄な男がのっしのっしと出てきた。赤銅色の顔と手足は、着ている丸首のシャツを一層白く見せていた。年の頃五十をいくつか過ぎているように見える。踊りの輪のなかに無造作に入っていく。踊り手たちはさっとどいて道を作る。男は木箱の中の撥を選んでいたが、片手で二本握って、振り向きざま『東京音頭』の太鼓を叩いている青年を見ると、顎で追い払った。

撥を両手に持ちなおすと、二、三度空を切ってみせたあと、ドーンドドーンドンと叩いた。とたんにそれまでたよりなく動いていた踊り手たちの背筋が、しゃんと伸びた。（『民謡地図４　東京の漁師と船頭』）

ここで描写される「大柄な男」とは、まさに井関辰之助その人である。竹内によるデフォルメが多少入っているであろうことを考慮したとしても、まるで映画から切り取られたかのような最高の登場シーンではないか。そして、この描写を読むかぎり、辰之助もまた「河岸の佃政」同様に河岸気質の持ち主だったと思われる。

昭和四〇年代の東京に生きる職人たちを収めた写真集『職人往来』に、井関辰之助の姿が残されている。おそらく住吉神社の祭礼の際に撮られたものだろう。半纏をラフに引っ掛けたふんどし姿の辰之助は、引き締まった肉体に刻み込まれた刺青を誇らしげに晒している。佃島という場所のある種の厳しさと美学を全身で表現したかのようなその佇まいは、ため息が漏れるほど美しい。

なお、かつての佃島には漁師、生魚商人、鳶職人、車夫などから構成される「彫友会」なる団体が存在していたという。佐原六郎『佃島の今昔』には、佃島住吉神社の神主を代々務める平岡家に保存された明治初期の「彫友会」の記念写真が載っているが、当然全員の身体に美しい刺青が刻み込まれている。刺青やタトゥーというといまだに反社会組織の構成員をイメージする方もいるというが、当時の佃島ではたとえカタギであっても、彫りものをしている男は珍しいものではなかった。そもそも刺青自体、中世にまで遡ることのできる深い歴史があり、その歴史とは海の民の風習とも関わりを持っている。ツネさんの言葉を借りれば、「いまは全部いっしょくたにしちゃうけど、なんでもかんでも暴力団でいっしょくたにしちゃダメなんだって」ということなのだ。

そして、ツネさんはなんと、この井関辰之助の弟子なのだという。

**田島正子さん** 「たっつん（井関辰之助）はいい声でしたよ。立つ声というかね。この人（ツネさん）はたっつんに教わったんだから。お風呂屋さんで、風呂桶を叩きながら（笑）。でも、お師匠さんとは呼んでなかったわよね。『じいじ』って呼んでた」
**飯田恒雄さん**「集団疎開のとき、秩父の三沢村（現在の皆野町）に行かされたの。そのときね、年上の連中に盆踊りの音頭取りをやってみろって言われたんだよ。そうしないと家に帰らせないって。仕方ないから歌ったよ。誰に教わったのか、そのころから歌えたんだろうね。それが小学校一年生のころ。中学に入ったころには盆踊りでも歌ってたな」
――子供のころから音頭取りに憧れてたんですか。
**飯田恒雄さん**「そんなこと、思わねえよ！　なんてなしに覚えさせられただけ。じいじによく言われたもんだよ。ちょっと休憩するから、お前が歌えって」
――そうですか（笑）。
**飯田恒雄さん**「弟子ではなかったけど、結果的に弟子になっちゃったの。じいじが佃から離れるとき、こう言われたの。『盆踊りはお前が全部できるんだから、あとは頼むよ』って」
――辰之助さんに歌を習っていた方はほかにいたんですか？
**飯田恒雄さん**「（即答して）いない！　俺だって習ったというより、悪いところを直されただけだよ。こういうふうに歌うもんだよ、と。佃の盆踊りっちゅうのは、踊りがつくから、踊り手が踊れるように歌わないと音頭取りじゃないよ。歌を聴かせるためのものじゃないから、うまく歌おうとするな。櫓の上でひとりで気持ち良く歌っててもダメなんだよ」

――今のツネさんの歌い方は辰之助さんのスタイルに近いんですか?

**飯田恒雄さん**「そう、近い。同じように歌ってる。叩きながら歌うのも昔から同じ。それが佃の盆踊り」

**田島正子さん**「自分の調子に合わせて、自分で叩くの」

**飯田恒雄さん**「みんなによく言われるんだよ。『何をキョロキョロしてるんだ。いい女でも探してんのか?』って。そうじゃねえんだ。昔はどこに目をやってもピタリと踊ってくれるから、こっちは楽なの。踊ってる連中に合わせてやれば自然と合った。今はそうじゃないから、うまく踊ってる人を探さなきゃいけない。今はみんなヘタクソ!」

ちなみに、ツネさんたちによると、井関辰之助は「方角師」だったという。この聞き慣れない職業のことを、ツネさんはこのように説明する。

**飯田恒雄さん**「知らない? 天秤に魚を積んで、今日は新宿まで行ったけど、明日は荻窪まで行っちゃおうとか、そうやってあちこちの方角を売りに歩く人たちのことを方角師って呼んだの。ウチミセの魚屋っていうのは特定の場所で魚を売る人たち。リアカーに積んで売る人は、佃の言葉でシキウリ(引き売り)」

井関辰之助はそうやってあちこちで魚を売って回った。だからこそ、櫓の上に上がっても声が通ったのだろう。なお、先述の写真集『職人往来』には、天秤棒を担ぎ、「カニはいかがー」と声をかけながら料亭街を歩く「田辺さん」という魚屋の写真が掲載されている。この本には「田辺さんの仲間の棒手振りは、現在一五、六人しかいない」と書かれているが、辰之助もそうやって天秤棒を担いではあちこちを歩き回る魚屋のひとりだったのだ。

そんな井関辰之助もオリンピック直前に引退。竹内勉によると、そのあと町会長で住吉講の講元である藤間陽一郎が音頭取りになった。聞くところによると、この藤間陽一郎はのちに区議会議員にもなった佃島の顔役で、バブルの時期に佃島が地上げの猛威にさらされたときも町を守り抜いたという。

冒頭で「なぜそこまで摂津の漁師たちは優遇されたのか。このあたりは佃島の歴史を辿る意味でも大変興味深いミステリーではあるのだが、この点については追って触れることにしよう」などともったいぶっておきながら、そのままになっていた「ミステリー」についてここで触れておこう。

参考図書となるのは、中沢新一の『アースダイバー 東京の聖地』。このなかで中沢は、佃島に最初に移り住んだ森孫右衛門と森一族のルーツについて詳細に繙いている。

摂津国に住んでいたころの孫右衛門は、「森」ではなく、「見一（もしくは見市）」姓を名乗っていたという。見一の一族は瀬戸内海の海民を源流とする漁民で、徳川家康とただならぬ関係で結ばれていたとしている。

見一一族は本能寺の変の際、岡崎城に逃げ帰る家康のために船を用意したことで徳川家とのコネクションを構築。そこに目をつけた家康の家臣、安藤対馬守と御用商人である茶屋四郎次郎は、孫右衛門にある任務を与えた。それは家康のもとに新鮮な魚介を届けるというものだったが、その任務には裏があった。それは「御魚御用」という旗を立て、大阪城周辺や湾内の諜報活動を行えというものだった。つまりは、豊臣方のスパイ活動を任せられたのである。

中沢はこの見一一族について、「もともとただの漁民ではなく、伊賀衆や甲賀衆と同じような、諜報活動にも長じた一種の海賊衆だったのではなかろうか」という推測を立てている。そんな見一一族（のちの森一族）だけに、江戸に移ってからもおとなしく白魚を家康に献上していたわけではない。中沢はこう書いている。


彼らはほかにも、お堀の警護と江戸湾へ入ってくる船舶の監視という、別の任務もおおせつかっていた。海賊的な側面ももつ瀬戸内海漁民にとっては、こうした任務はむしろお手の物で、漁船仕立てにした軍船を操って、湾内のパトロールと、白魚漁の試験操業とを、同時にこなしていた。（『アースダイバー　東京の聖地』）

こうしたルーツを持つ佃島の住人は、ある意味で選ばれし人々であったことは間違いない。そして、佃島という人工の島は、外敵から逃れ、自分たちの生活を守る砦のようなものでもあったのだろう。

そんな佃島はある種の人々を匿う場所ともなった。猪野健治『テキヤと社会主義――1920年代の寅さんたち』によると、「佃政」こと金子政吉は、大正一二年（一九二三年）の関東大震災の際、「震災と自警団の襲撃で逃げ場を失った朝鮮人数千人を佃島に庇護し、暴徒に備えて子分たちに武装させて守らせている。佃政はこのとき『お前は日本人の敵か』と言われたそうだが、まったく動じなかった」という（陸直次郎は前出の「逸話の佃政親分」において、佃島に逃げ込んだ朝鮮人は月島や石川島の工員や労働者たちだったとしている）。

佃島に逃げ込み、さらには佃政一家がバックについているとなれば、いくら自警団でも手出しできなかったのだろう。朝鮮人を暴行しようとした自警団に対し、佃政は「慌てた真似をするな。気の毒な者たちだ。大きな肚を見せてやれ」と言い、荒ぶる自警団を制止したとしている。
ただし、「佃島の盆踊」に立ち戻って考えるとき、重要なのはそうした裏の歴史よりも、隅田川の河口に位置する佃島もまた、前章の羽田と同じように多くの無縁仏が流れ着く場所だったということだ。関東大震災の際はもちろん、昭和二〇年（一九四五年）の東京大空襲でも無数の遺体が上流から流れ着いた。東京大空襲当時のことを知るツネさんと正子さんはこう話す。

**飯田恒雄さん**「このへん（佃島）にも焼夷弾が落っこったってのは事実なんだよ。でも、不発で終わったから焼けた家は一軒もなかったよな」

**田島正子さん**「そのかわり、深川は丸焼けよ。昔はずいぶん流れてきましたよ。渡し場にみんな引っかかっちゃうの」

**飯田恒雄さん**「いま、公衆便所があるでしょ？　あそこにね、当時の佃政一家の親分が若い連中を集めてね、仏さまを上げさせたの。俺は子供のころ、若い連中が仏さまを上げてるのを見てたんだから」

先述したように、「佃島の盆踊」はもともと本願寺再建の勧進という目的を持っていた。

だが、江戸各地で行われていたその盆踊りが佃島という場所に舞台を固定したとき、盆踊りは隅田川を流れる無縁仏を供養する儀式という側面を強めていくことになる。

そもそも盆踊り自体、もともと死者の供養・鎮魂という目的も持っているわけだが、佃島の場合、そこでいう死者とは自分たちの先祖であると同時に、川の上流から流れつく見ず知らずの人間でもある。向こうから突然やってくる「死」をどのように受け止めることができるのか。そこには「上流から流れてきた無縁仏をなんとかしなきゃいけない」という、河口の島で暮らすうえでのリアリティーがあるようにも思える。

大都市東京の奥底には、べっとりと死の匂いがこびりついている。それを遠ざけるのではなく、死とともに生きること。「佃島の盆踊」の根底には佃島の人々のそんな深層意識があるのかもしれない。ツネさんはこう証言する。

飯田恒雄さん「基本的にはね、佃の漁師さんの仏さんをお祭りするということが最初にあったと思いますよ。その後の空襲で、深川あたりからこのあたりまで流れ着いた無縁さまも多かったわけよ。そういう人たちを供養しようというのが、戦後の盆踊りの起源だと思うよ」

佃島では古くから盆になると川沿いに線香を立て、手を合わせるという風習があるというが、いまも盆踊りでは立派な精霊棚が立つ。棚のなかには「無縁仏」と書かれた掛け軸と、カボチャなどの野菜。踊るものはまずこの精霊棚に手を合わせてから踊りの輪に加わることになる。

なお、この精霊棚を新しく作ったのは保存会の山田さん。彼は「佃島の供養だけしていればいいのに、なんで他の地区の無縁仏も供養するんだと思う人はいると思いますよ。でも、やっぱり仏さんを供養するのであれば、こういうところはきちんとしないと」と話したうえで、こう続ける。

山田和治さん「佃島の人たちは無縁仏に対して特別な思いではなく、そういう地域だからやっているわけで、生活の一部として自然に、素直な気持ちで受け入れているということなんじゃないかな」

地域の風習というのはそういうものなのかもしれない。以前、とある祭りについて取材していた際、「なぜこういう祭りを続けているのか」という少々意地の悪い質問を地元の方に投げかけたことがあった。相手の答えは実に明確だった。「だって、そういうものだ

佃島盆おどり
無縁佛

から」。本来、地域の風習というものには「なぜ」の入る余地はない。いくら非合理的で無駄なものでも、「だって、そういうものだから」と続ける。「なぜやるのか」ではなく、「やるものだから」。ぼくはふと東小松川の水神講を思い出した。特定の信仰心で繋がっているのではなく、ただの習慣。そこに「なぜやるのか」という問いが介在しはじめたとき、多くの伝統行事は継続する意味を見失う。伝統とコミュニティーの本質がここにあるのかもしれない。

二〇一八年夏、そんな「佃島の盆踊」のお家騒動が表面化した。第一報を報じたのは、六月九日発行の毎日新聞。いわく「長年運営してきた団体（佃島盆踊保存会）と、地元住民が新たに設立した団体（歴史と伝統を守る佃島盆踊りの会）が主催権を巡って溝が深まっており、それぞれの日程で二度の盆踊りが開催される可能性も出てきた。両団体から公園の会場使用許可申請書を提出された区側も困惑している」というもの。毎日新聞によると、新団体側は「佃一丁目の住人ではない保存会の代表によって歴史ある盆踊りの姿がゆがめられた」と訴え、保存会側は「これまで協力してこなかったのに、突然自分たちで運営するといっても無理がある」と訴えている、としている。

ぼくは二〇一七年夏の段階で山田さんからこの対立のことを伺っていた。のちに新団体を作ることになる住民たちは、その夏の段階で保存会による盆踊りの中止を求める仮処分申請を東京地裁に申し立てていた。開催当日、住民たちが申し立てを取り下げたおかげで例年通り盆踊りを開催することができたが、山田さんは気が気じゃなかったはずだ。

毎日新聞の報道をきっかけに、両者の対立は各メディアで盛んに取り上げられたほか（その多くが興味本位のものだった）、SNS上には勝手な憶測をもとにした心ない言葉が溢れた。「佃島の盆踊」を愛するものとしては心が痛んだが、ここまで取り上げてきたように特殊な背景を持つ佃島である。こうした対立が起きるのは遅かれ早かれ避けられないことでもあったのだろう。

結果として、二〇一八年の夏は新団体主催の盆踊りが七月に、従来の保存会による盆踊りが八月に行われることになった。地元住民のあいだにも葛藤があったようで、同じ佃一丁目の住民のなかにもさまざまな意見があったと聞く。

同じ年の八月一五日、ぼくはふたたび佃島を訪れた。その一か月前に行われた新団体主催の盆踊りにも足を運んだが、ツネさんも山田さんもいない盆踊りは、ぼくにとって別のものに感じられた。もちろん、どちらの団体に正当性があるかという話ではない。ぼくにとっての「佃島の盆踊」とはツネさんのあの声とあのリズムあってのものであって、身に馴染んでしまったものがある以上は仕方がないことだ。

この日は三日間続いた盆踊りの最終日。夕方六時ごろ佃島に到着し、少し緊張しながら山田さんに声をかけると、その表情はいつもより和やか。ようやく最終日に辿り着いた安堵感のようなものも感じられる。「今日は思う存分踊ってください八月にやることになったけど、ちょうど旧暦のお盆だから」――山田さんは自分を納得させるかのように、そう言った。

「佃島の盆踊」は前半が子供の部、後半は大人の部と分かれている。前半の部で子供たちがぎこちなく踊っていると、半纏姿の年配男性ふたりが踊りの輪に加わり、まるで子供たちに見本を見せるかのように踊り始めた。ひとりの男性は手の動きに小刻みな揺れが入っていてファンキー。もうひとりの男性はまるで阿波踊りのように手をひらりと上げる。どちらもちょっと見たことがない踊り方だ。それを見ていた別の年配男性がこう解説してくれる。

「この人たちの踊り、独特でしょ。オヤジさんにそっくり。それぞれに個性があるのが佃島の踊りだから。子供のころから踊り続けてるから、そういう踊りが身についちゃってる」

踊っていた男性の裾が風でふわりとめくれ、足首まで入った美しい刺青が顔を覗かせた。ぼくはたまらず、彼らの後ろについて踊り始めることにした。ふたりに合わせて踊っていると、佃島のリズムが身体に入ってきて、いつまでも踊り続けられそうな気がした。

**田島正子さん**「昔は踊ってるのも佃の人だけ。今はワキの人でいっぱいでしょ、こんなふうに（手を大きく振りかぶって）踊る人もいるでしょ。なんであんなになっちゃうんだろうと思って（笑）」

**飯田恒雄さん**「手が出て、足が出る。それだけの踊りなんだけど、昔の人たちはうまかった。佃の盆踊りってのは、その人のクセが出るものなの。それがいいんだよ」

――シンプルなぶん、格好よく踊るのは難しいですよね。

**田島正子さん**「そうなのよ！　それぞれお師匠さんから習ったわけじゃないし、踊ってる大人たちの姿を子供の時分から見てて、それを自分の踊りにしてるの。日本舞踊みたいにカチッと形が決まってるものじゃないから、そのぶん難しいと思う」

子供の部が終わって休憩時間となると、ツネさんがようやく登場。ヨイコラショと櫓の上に上がると、自然と拍手が沸き起こった。みんなツネさんの音頭を待っていたのだ。あの歌・あのリズムが鳴り響き、踊りの輪がゆっくりと回転を始める。ぼくもその輪に加わり、見よう見まねで踊り続ける。簡単な動きではあるものの、続けていると意識せず

佃島盆踊保存会
佃島盆まつり

とも身体が動き、囃子言葉が勝手に口をつくようになる。余計な思考がぼろぼろと剝がれ落ち、清々しい気持ちがこみ上げてくる。「仏さまの供養の盆踊りですよ。どうぞ踊りの輪に入ってください」――山田さんが何度も大きな声をあげる。

この踊りの輪のなかでは、お盆で佃島に帰ってきた死者たちもステップを踏んでいる。ここには他所の地から流れ着いた無縁仏もいれば、佃島の漁師たちもいる。ひょっとしたら上流から流れ着いた犬や猫もいるかもしれない。

彼らとともに踊るという行為は決して恐ろしいものではなく、不思議と安堵感を覚える体験でもある。生と死のサイクルのなかに自分も属している。たとえ明日死んだとしても、来年のお盆にはここに帰ってくることができる。踊ることによって、そう実感することができるのだ。

九月の暑い午後、築地本願寺の本堂のなかで山田さんがふと口にしたこんな言葉が思い出された。

**山田和治さん**「かつては漁師さんしかいなかった島ですからね。普通の人よりは人の生き死にを間近で見ていたと思うんですよ。だいたい魚の命を扱う職業なわけで、命に対しての意識が今のサラリーマンなんかとはちょっと違うんじゃないかな」

音頭取りはツネさんから山田さんへとバトンタッチされたあと、一旦休憩時間に。冷たいドリンク類が振舞われる。小さな缶ビールと隅田川から吹き込む涼しい風は、踊り手たちの特権だ。

後半はぼくもノンストップで踊り続け、気付いたら終了時間の九時に。東京最古の盆踊りを今年も無事堪能できた喜びが会場全体に広がっている。山田さんもツネさんも満足そうで、その顔を見ているだけでぼくも嬉しくなってくる。

佃島の内輪揉めを一目見てやろうという興味本位の野次馬もいただろうが、そんな連中のことは関係なく、盆踊りは続いていく。数百年続いてきた芸能はそうヤワなものではない。

月日が経過し、踊り手が入れ替われば、自然と変わっていく部分もあるだろう。履物が変わり、地面がアスファルトになれば、それまで摺り足だったものが足を上げる形となる。盆踊りは日本舞踊のようにちょっとした間違いでもお師匠さまからピシャリと叩かれるような厳格な世界とは違うわけで、時代の変化の影響をよりダイレクトに受ける。

だが、佃島でひとつだけ変わらないものがあるとすれば、それは「こころ」の部分なのかもしれない。災害や戦災で数多くの遺体が流れ着いた佃島には無縁様をお祀りする習慣が根付いた。無縁様は川からやってくるとされていて、先述したように今でも堀や川辺にお線香を立てて迎え火をしている。そうした「こころ」だけは、今も変わらずに受け継がれている。

摂津の漁民たちが江戸に入ってから四〇〇年以上。それ以来、あらゆるものが変わり、これからも変わろうとしている。だが、隅田川の流れのようにゆったりと流れゆくその歴史のなかでも、決して変わらないものがある。ぼくは「佃島の盆踊」を通じて、そのなんたるかに少しだけ触れることができたのかもしれない。

「コラヤートセー、ヨーイヤナー、コラショイ」――この夏も朱塗りの佃小橋の向こう側から、あの囃子が聞こえてきた。

**参考文献：**
木村尚『都会の里海 東京湾——人・文化・生き物』（中公新書ラクレ）
眞鍋じゅんこ『うまい江戸前漁師町』（交通新聞社）
高橋在久編『東京湾の歴史』（築地書館）
アイランズ編著『東京の戦前 昔恋しい散歩地図2』（草思社）
宮田登『空港のとなり町 羽田』（岩波書店）
大山芳蔵『羽田節の復活について』『羽田節』
竹内勉『民謡地図4 東京の漁師と船頭』（本阿弥書店）
中沢新一『アースダイバー 東京の聖地』（講談社）
『佃島の盆踊——歴史伝承と踊り唄の記録』（佃島盆踊保存会）
『中央区の昔を語る1（八丁堀・佃島）』（中央区教育委員会）
『話』昭和九年五月号（文芸春秋社）
尾崎一郎撮影『職人往来』（雄山閣出版）
『自然と文化』昭和四九年新春号（日本ナショナルトラスト）
猪野健治『テキヤと社会主義——1920年代の寅さんたち』（筑摩書房）
佐原六郎『佃島の今昔——佃島の社会と文化』（雪華社）

# 4

# 東京の島

## 最果ての地に生きるということ

## 新島に生きる神唄集団「ヤカミ衆」（伊豆諸島・新島村）

東京湾から南へと広がる海域には、まるで水滴をポツポツと垂らしたようにいくつもの島々が点在している。

東京における海の玄関口である竹芝港から伊豆大島までは夜行の客船「さるびあ丸」で八時間、ジェット船で一時間四五分。東京西部の調布飛行場からのプロペラ機ならば、わずか二五分で到着してしまう。この大島から東京の南六五〇キロの地点に浮かぶ孀婦岩《そうふがん》までの海域には一〇〇以上の島々が連なっていて、これが伊豆諸島。このうち新島や八丈島など九島が有人島である。

さらにその伊豆諸島より南に点在するのが小笠原諸島。父島および母島という二島に民間人が住んでいて、父島までは東京港の竹芝から出航する定期船「おがさわら丸」が週一回運航している。所要時間は実に二四時間。南米大陸のブラジルですらアメリカ経由だと二五時間程度で行けるわけで、同じぐらいの時間がかかるわけだ。

伊豆諸島の島々は、かつて罪人たちを送る流刑地でもあった。小石房子『江戸の流刑』によると、大島や三宅島には古代から罪人が送られていたそうで、修験道の開祖である役《えんの》小角《おづぬ》や源頼朝も大島に流されたとされている。

その人数が増えたのは、時計の針をググッと進めて江戸時代。江戸の町が巨大化するにしたがって民事犯が増加し、それまで罪人を収監していた小伝馬牢（中央区日本橋小伝馬町）で管理しきれなくなると、彼らを伊豆諸島の島々へと流すようになった。

そうした罪人も古くは教養のある人士が多く、島民にとってはときに尊敬の対象ともなった。近世でいえば、関ヶ原の合戦の戦犯として八丈島へと流された宇喜多秀家。家康の寵愛を受けながらも、キリシタンだったことから大島および新島に流され、最終的には神津島《こうづしま》で生涯を終えたおたあジュリア（一説では朝鮮半島の貴族だったとも言われる）。彼らの波乱の生涯はよく知られるところだろう。

また、流刑というと重罪を犯した極悪人や戦に負けた武将をイメージしがちだが、江戸時代に入って急増した民事犯のなかには、喧嘩や博打で捕らえられた無宿者も多かった。江戸からもっとも近い大島と新島に送られたのは主に軽犯罪者、南へ下った三宅島は主に破廉恥犯、もっとも遠い八丈島は思想犯。第五代将軍・徳川綱吉が発した「生類憐れみの令」のもとでは、動物に危害を加えたとのことで島流しにあったものもいたらしい。武田幸有『新島炉ばなし』によると、新島に伝わる流人帳には、綱吉が可愛がっていた猫が井戸に落ちて死んだ際、たまたま台所頭だった武士が責任を取らされて八丈島に流されたことが記されているほか、病気の馬を捨てたということで流罪になった農民や武士も複数いたとされる。また、『にいじまぐ2』によると、蚊を殺しただけで島に流された武士もいたというのだからめちゃくちゃな話だ。

流人たちは牢獄に収監されることもなければ、強制労働を強いられることもなかったが、その反面、生活の保証もなかった。彼らは流人小屋という粗末な家屋で共同生活を送りながら、自力で生活せざるを得なかったという。同じ流刑地でも佐渡や隠岐《おき》は自給自足が可能だったが、伊豆諸島の多くは火山島。そのため、多くの流人たちが飢えで命を落とした。

その一方で、それぞれの島には流人たちを通じて当時の江戸に花開いていたさまざまな文化も持ち込まれた。読み書きを含むさまざまな学問、医療技術や建築、酒造りのノウハウ、さらには歌や踊り。新島には獅子木遣りという獅子舞と木遣り歌を合わせた郷土芸能が継承されているが、ここで歌われる木遣り歌は江戸木遣りの流れを汲むもの。少々とっぽい江戸の若い衆が島に流された際、地元で歌っていた木遣りを持ち込んだことは想像に難くない。

新島には幾度となく足を運んだことがあり、いくつもの忘れがたい思い出がある。だが、島のそんな歴史のことはまったくといっていいほど知らなかった。

新島という場所を通じ、どんな東京の姿と出会えるのだろうか？　二〇一七年五月一五日、ぼくは新島へと向かう大型客船「さるびあ丸」に乗り込むことになった。

「さるびあ丸」が竹芝港から出港するのは夜一〇時。船はライトアップされたレインボーブリッジの下をくぐり抜け、羽田を横目で見ながら太平洋の大海原を突き進んでいく。高層ビルの灯りがみるみる遠ざかり、数分も経たないうちに漆黒の闇夜に包まれた。

新島に到着したのは朝八時四〇分ごろ。タラップを降りていくと、友人である米原宗裕くんと小澤さとさんがぼくのことを迎えに来てくれていた（米原くんは「大将」という愛称で呼ばれているため、ここからは「大将」で統一する）。

大将は島外出身者ながら、島で「サンシャイン」という居酒屋を経営しているぼくの友人だ。日に焼けたその顔は島の男そのもの。昨夜遅くまでイカ釣りをしていたが、残念ながら釣果はゼロ。それでも大将は「ウキを見つめる時間が好きなんですよ」と豪快に笑う。

一方、さとちゃんは新島の出身。一時期都心で暮らしたあと、数年前新島に戻った。母方は代々新島の家系で、父方も曽祖父の代から新島。新島の旧家は屋号で呼び合う習わしがあるそうだが、さとちゃんの家系は先祖に「ジンノスケ」という人がいたことから、「ジンドー」を屋号としている。そうした逸話ひとつとってもさとちゃんの家系がかなり古くからの新島在住者であることがわかる。また、さとちゃんの本職は太鼓奏者。島の伝統文化についても造詣が深く、今回の旅のナビゲーターでもある。

大将の車は船着場を離れ、新島のふたつの集落のうちのひとつである本村《ほんそん》の中心部へと進む。ぼくが新島を訪れたのは二〇〇五年以来のことだったが、新島の風景は当時からほとんど変わらない。美味しい島寿司を食べられることで観光客にも人気だった「まると寿司」が閉店し、島唯一のチェーン店「どさんこラーメン」がオープンしたぐらいだろうか。浜から吹き抜ける風とコーガ石の街並みは、島を初めて訪れたころのままだ。

大将が経営する「サンシャイン」に到着すると、ランチ前のわずかな時間を使ってさとちゃんにインタヴューすることとなった。なにせ新島に滞在できる時間は二泊三日。時間は限られている。

さとちゃんが太鼓を始めたのは高校一年生のとき。新島初の太鼓グループ「風神組」に参加し、すぐさま太鼓の魅力に取り付かれた。高校を卒業すると、京都の大学へと進学した。新島の若者たちは、高校を卒業するとほとんどが島を出る。さとちゃんのように進学のため島を出る場合もあれば、就職を機に出る場合もある。どうせ島に戻ってこないといけないのであれば、一度は島の外の世界を知りたい、そう思って島を出る若者も多いらしい。もちろんそのまま内地で結婚し、島に帰ってこなくなってしまう者も少なくない。

さとちゃんの場合は京都の大学へと進学したわけだが、彼女のなかではその段階ですで

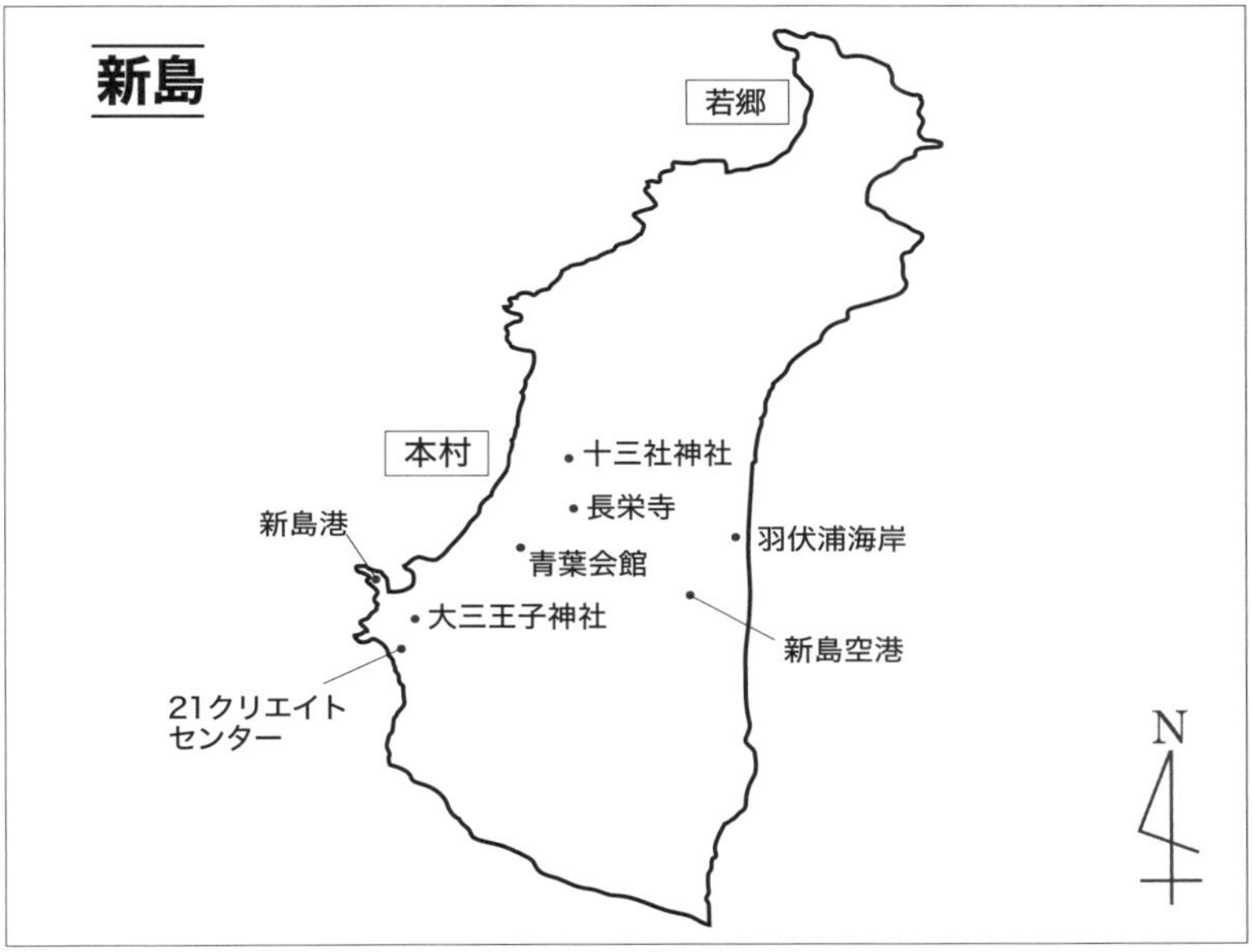


にプロフェッショナルな太鼓奏者として道を究めるという明確な目標があった。そのため、大学を卒業した後、兵庫県宍粟《しそう》市や秋田県の田沢湖で太鼓や踊りを修業。その後、都心に住まいを移し、太鼓奏者として活動するようになった。

そうやって各地の郷土芸能について修業しながらも、さとちゃんは故郷である新島のことはまったくといっていいほど意識していなかったという。「島に戻るつもりもなかったし、『島を出て大きな舞台で活躍してやるんだ』という気持ちしかなかった」そうだが、二〇一一年の東日本大震災以降、彼女のなかで意識の変化が起きる。

小澤さとさん「震災のあと、三か月ぐらい太

鼓の仕事が真っ白になっちゃったんですよ。そのとき、都内で行われる島の物産展の仕事を振ってもらったんですね。島の歌を歌ってほしい、と。でも、それまで新島のことをやってなかったので、まずは島について勉強するところから始めたんです。その物産展では、自分で太鼓を叩きながら何曲か新島の歌を歌いました。新島は自分たちの芸能文化を守ってこなかったんだなということに気づかされました。他の島は保存会の形だったり、音源や本の形だったりで結構残ってるんですよ。でも、新島には全然ない。そこで今までの経験をもとに、島の文化を復刻することはできないかと思うようになったんです」

伊豆諸島はそれぞれに太鼓の文化が根付いている。八丈島に流された罪人たちが始めたとされる八丈太鼓、のちほど詳しく触れる青ヶ島の還住太鼓、大島出身の大島里喜が戦後になって生み出した大島御神火太鼓。それぞれの民俗文化の保存・研究も進んでいて、なかには優れた研究書も残されている。

だが、さとちゃんが話すように、新島の場合は他の島に比べて伝統文化の保存が進んでいなかった。期せずして、さとちゃんは郷土の芸能復興の担い手という役割を担うことになる。

故郷の芸能を調査していくなかで、さとちゃんはすでに伝統が途切れつつあったとある

風習と出会う。それが女性だけで構成される「ヤカミ衆」という集団と、彼女たちが歌う神唄だった。

ヤカミ衆――この謎めいた集団のことをぼくに教えてくれたのもさとちゃんだった。数年前に彼女が見せてくれた一枚の写真には、浜に並ぶ老女たちが写っていた。彼女たちは揃いの装束を身にまとい、海に向かって手を合わせている。その前には一台の太鼓。大漁を祈願するヤカミ衆の儀式を撮影したものだそうで、撮影時期はかなり前のことだという。

まるで沖縄や奄美大島で執り行われているような集団儀礼が新島にも存在したという事実を知り、ぼくは飛び上がるほど驚いた。さとちゃんによると、島民のあいだでもヤカミ衆のことはほとんど知られていないらしい。

そのヤカミ衆について調べることが、旅の目的のひとつでもあった。いや、ヤカミ衆のことを調べるために新島にやってきたといってもいい。しかも、今回はなんと元ヤカミ衆の女性にお話を伺うことにもなっているのだ。

さとちゃんと今後の取材スケジュールの相談をしているうちに、時計の針はランチタイムを指していた。サンシャインの営業を邪魔しないよう、ぼくらはそっと店を後にした。


新島には本村と若郷という二つの集落があり、ぼくらは新島の経済・行政の中心である本村を歩いている。中心といっても商店街があるわけでもなく、民家のあいだにポツリポツリと商店があるぐらいで、人通りはほとんどない。五月といえども、海から吹き上げてくる風はまだまだ冷たい。

そんな現在の風景からは想像できないけれど、八〇年代中盤から九〇年代前半の新島には数多くの若者が集まり、まるで原宿の竹下通りのように大混雑していたという。島の風紀は乱れに乱れた。「ナンパのメッカ」などという不名誉な通称で呼ばれたのもこのころのことだ。

ぼくが初めて新島を訪れた九〇年代後半の段階では、そうした風景は過去のものとなっていたものの、かつて大いに賑わっていたであろうディスコの跡地がまだ残っていた。現在ではそのほとんどが取り壊され、今も営業を続けるいくつかのスナックやバーだけが当時の雰囲気を伝えている。

新島に流された江戸時代の罪人たちは当時の江戸文化を島に持ち込んだわけだが、八〇年代になると、サーファーや移住者たちが島にディスコという都市文化を持ち込んだ。もちろん彼らは流人でもなければ罪人でもないが、島にはそうやって外界から常にさまざまなものが持ち込まれ、改良が加えられながら、ときには流行の移り変わりとともに消え去っていった。そうやって考えてみると、ぼくが九〇年代後半に見たディスコの跡地もある種の民俗文化財のようなものだったのかもしれない。

集落のはずれに佇む長栄寺という寺院の一角に、島民たちが眠る共同墓地がある。ここは新島でもちょっと特別な場所だ。

墓地一面には羽伏浦《はぶしうら》海岸の白砂が敷き詰められていて、それぞれの墓石の前に供えられた造花が鮮やかな色彩を放っている。さとちゃんによると、地元のおばあちゃんたちを中心に交代交代で共同墓地の掃除をし、常に新しい砂を撒いているらしい。そこには墓地特有の重苦しい空気はなく、カラッとした明るさが満ちている。海から吹いてくる風がいくらか優しく感じられるのは、この場所の特別な空気のせいだろうか。

共同墓地の一段低い場所には、流人たちの墓が並んでいる。その数は一一八。墓石のなかには酒樽やサイコロをかたどったものもあり、見ているだけでも故人の人となりというか、生前のやんちゃぶりが想像できる。そして、そんな流人たちの墓にも、島民のものと同じようにちゃんと花が供えられている。かつて共同墓地とこの流人墓地の間は生垣で区切られていたそうだが、今はそれも取り払われ、「隠された場所」といった陰鬱なムードもない。島民と流人はここでは同じ時代に同じ島で生きた、ある種の同胞のようなものでもあるのだろう。そんな共同墓地に佇んでいると、「流人墓地＝苦しい人生を最果ての地で終えた悲しい罪人たちの眠る場所」という先入観がふわりと吹き飛ばされる。

さとちゃんのお父さまのお墓に手を合わせていると、近所のおばあさんがやってきて、さとちゃんと何気ない会話を交わした。ここは死者と出会う場所であると同時に、近隣住民と出会う場所でもある。生者と死者のミーティングポイント。それゆえに共同墓地には不思議な活気があるのかもしれない。

さとちゃんのお母さんもそうやって毎日共同墓地を訪れる島民のひとりだ。

さとちゃんのお母さん「決まってるわけじゃないんですけど、台風がこようが何だろうと一年中行きます。お墓に行かない日はないですね。勝手に足が向いちゃうんです。義務でもなんでもなく、自分の気持ちがそうさせている」

「義務でもなんでもなく、自分の気持ちがそうさせている」——いい言葉だなと思う。ここではひとつの習慣が、とてもナチュラルに、島民の思いに沿ったかたちで受け継がれている。

本村の集落を歩きながら、ぼくは考えていた。周囲を海に囲まれた場所に住むということは、人の心にどのような影響を及ぼすのだろうか？

内地の場合はたとえ「ここ」が嫌になったとしても、バスや電車に乗っていくらでも他の場所にエスケープすることができる。だが、島の場合、移動に対する心構えは内地のそれとは比べものにならない。いくらフェリーやジェット船、プロペラ機が就航し、よほどの悪天候じゃないかぎりは簡単に島の外へも移動できるようになった現在であっても、ひとたび島に渡ってしまえば、そうやすやすとは内地に戻ることはできない。そうした感覚は日常から切り離されているがゆえの解放感を観光客にもたらすものであると同時に、逃げ場がないことから生じるある種の息苦しさとも結びつきかねない。

そうしたなかで、人は現実からの逃げ場を自身の心の内に求めるようになるのではないだろうか。沖縄本島や淡路島のように「小さな大陸」ともいえるほどの島ならともかく、ふたつの集落しかない新島ではなおさらそうした傾向は強くなるはずだ。そして、ぼくには島であるがゆえの逃げ場のなさが、島民たちの内面に広がる信仰世界に少なくない影響を与えているように感じられてならなかった。

新島のことを調べはじめて、もうひとつ驚かされたことがある。それはこの島に伝わってきた独特の信仰や風習のことだ。

たとえば、言葉の響きからして恐ろしげなカンナンボーシ（海難法師）。毎年一月二四日になると、島民たちは仕事を早仕舞いし、椿油で揚げた餅などのお供え物を捧げて早々に寝る習わしとなっている。これはかつて島民たちによって海に沈められた代官の亡霊から身を守るための儀式。島民たちは今も悪霊の侵入を防ぐため、戸口にトベラの小枝を差し、雨戸を固く閉ざしたり、ドアの隙間にテープを貼るなどして、対策をとる。こうした風習は伊豆諸島の他の島でも見られるそうで、新島では現在でも旧家の当主が霊を鎮めるための儀式を密かに行っている。なお、毎年一月は大変風の強い時期だというが、不思議なことに、カンナンボーシの日だけはピタリと風が止むのだという。

また、新島・式根島にはかつてオガミンバという民間霊媒師がいた。オガミンバは沖縄や奄美大島のユタにも近い存在で、占いによって集落のさまざまなトラブルや島民の悩みを解決したらしい。新井清「新島・式根島のオガミンバ」には、老婆が畑で素っ裸になって踊り出し、以来、オガミンバとなって島民の頼りにされたことが記されている。

新島には「節題目」という独特の風習もある。これは仏に対して唱える題目に節がついたもので、一聴してみたところ、大きくうねるような節は新島を囲む大海原のうねりそのまま。素人目にも仏教の教えをメロディーに乗せて説くご詠歌に近い感じがする。太鼓や鉦に合わせて題目や和讃を歌う「歌題目」は比較的各地で行われているものの、節をつけて題目を唱えるスタイルは全国的に見ても新島と東北の一部にだけ伝わるものらしい。

そうした風習の多くはガイドブックに載ることもないし、観光客が触れる機会もない。島民のあいだだけでひっそりと受け継がれ、その一部は時代の移り変わりと共に消え去っ

ていった。ただただひっそりと、人知れず。

さとちゃんの踊りの師匠である横田富久江先生が講師を務める歌と踊りの練習会があるというので、青葉会館という老人福祉施設にやってきた。

横田先生は富洋会という新島の伝統に特化した踊りの会の代表を務めていて、お父さまは本村と若郷で伝承されている小歌踊「新島の大踊」の師匠を務めるなど、まさに新島の伝統のなかに生きてきたお方。さとちゃんいわく「新島の古い踊りを踊れるのは横田先生ぐらいしかいないんですよ」という貴重な存在だ。

この日取り上げられたのは、古くから宴会の席で歌われてきたという「島節」。参加者は高齢者が多いが、みなさんお元気で、横田先生との会話にも華が咲く。さとちゃんが写真の撮影許可を求めると、ひとりのおばあちゃんが「（手を合わせて）これ用に綺麗に撮ってね」と一言。おばあちゃんたちのあいだで大きな笑いがわっと起きる。

さとちゃんによると、「島節」は大島のお座敷で歌われていたものが原型となっていて、昔はアドリブを交えながら好きなように歌われたのだという。愛の告白や文句、愚痴もすべて「島節」に乗せて歌ったらしく、歌遊びのなかで継承されてきたわけだ。

**横田富久江さん**「『島節』は人によって歌い出しが全然違うんです。合わせて踊る場合、前もって歌を聴かせてもらうんですよ。この人はどんな調子で歌うのかな、と。歌い手と踊り手で作っていくものなんです」

現在ではいくら年配であっても、「島節」を踊れる人はほとんどいない。歌そのものは知っていても、実際に歌詞や振り付けまで覚えている方は少ないそうだ。横田先生も「（老人）ホームにいくと、寝たきりの人でも手だけは動かしている。それぐらいの世代じゃないと踊れないということですよね」と話す。宴会で「島節」を歌い、踊るという習慣は戦後の早い時期に廃れてしまったのだろう。

横田富久江さん「でもね、新島には歌がいっぱいあるんですよ。『新島豊年節』『大漁節』など、本当にたくさん。自分が元気なうちに少しでも残しておければと思っているんです。とにかく、みんなで残していかないと」

横田先生にはかつて娘さんがいた。先生はその娘さんに富洋会を託すつもりだったらしいが、残念ながら若くして逝去。傷心のあまり一度は踊りの継承を諦めたというが、周囲の仲間たちに支えられて数年前に富洋会の活動に復帰した。そんな先生にとって、さとちゃんは唯一の希望なのかもしれない。

現在、横田先生は自宅の教室で週二回練習会を開くかたわら、自身の商店を経営。さらにはタクシーの運転手までやっている。「二時間も寝れば十分。歳を取ったけど、それでも三時間も寝れば大丈夫なんですよ」と笑うが、驚くべきハードワーカーである。そして、そんな生活を支えているのが、「みんなで残していかないと」という先生の強い信念だ。

横田先生のご自宅にお邪魔したぼくらは仏壇に線香を灯し、静かに手を合わせる。その数秒間、時間が止まったような静けさに包み込まれた。窓の外では島特有の強い風が吹き、雨戸をカタカタと揺らしている。考えてみると、新島にきてから拝んでばかりいるが、生者ばかりでなく、故人に対しても「お邪魔します」と手を合わせることは、ここでは短期旅行者の最低限の礼儀でもあるのかもしれない。

今度は島唯一の太鼓グループである風神組の代表を務める宮川明さんに会うため、風神組の練習場がある多目的スペース「21クリエイトセンター」にやってきた。

宮川さんは風神組を率いる一方で、獅子木遣りという郷土芸能の保存会で会長も務めている。冒頭で少しだけ触れたように、獅子木遣りとは音頭衆が歌う木遣りに合わせ、長い身体を持つ百足獅子がユラユラ練るという少々風変わりな芸能。三宅島には太鼓と木遣りが一緒になった木遣り太鼓があるが、新島のように獅子舞と木遣りが一緒になるのはなかなかレアなケースらしい。

さとちゃんも「獅子木遣りは感動するんですよ。ちょっと神々しい雰囲気があって、新島のなかでも特別な芸能なんです」と話す。しかし、この獅子木遣り、近年はなかなか披露する場がなく、宮川さんが率いる保存会も活動休止状態にあるという。

その理由は簡単なことではない。獅子木遣りは本来、新島の総鎮守である十三社神社の儀式としてさまざまな機会に披露されていたが、戦後になってからは約二〇年に一回開催される大祭りでしか披露されなくなったという。この大祭りは新島全体を巻き込む大がかりなもので、島にとってよほど大きな出来事がない限りは大祭りそのものが開催されない。さとちゃんは二十数年前に一度、宮川さんですら生涯で二回しか体験していないというのだから、そのレア度はかなりのもの。披露する機会がなければ、当然のことながら練習へのモチベーションも下がるわけで、そんなこともあって獅子木遣りの伝統は途絶えつつあるというのだ。

宮川明さん「新島の伝統芸能というと神社のお祭りである獅子木遣りと、お寺で行われてる大踊りという流人が踊っていたものがあって、このふたつが新島の文化の中心となるものなんですね。大踊りはなんとか続いているんですが、獅子木遣りは練習もできてない。獅子木遣りは以前、各地域の消防団単位で継承されていたんですが、二十数年前に保存会を立ち上げた当初は毎週練習をやってたんですよ。でも、徐々に月一回になり、やらなくなってしまった。やっぱり披露する機会がないというのが伝統が途絶えた理由としては大きいですよね。獅子木遣りはやってても楽しいですし、地元の人たちもみんな見たがってるんですけどね……」

宮川さんはそこまで話して、言葉を噤んだ。その淀みに、複雑なニュアンスが込められ

ていることが伝わってきた。
獅子木遣りにおける宮川さんの役割は、木遣りを披露する音頭衆。「どんな歌なのか、ちょっと歌ってもらえませんか」というぼくのお願いに対し、宮川さんは「ちょっと声が出ないかもしれないけど」と少しだけ戸惑いを見せながら、一節披露してくれた。
宮川さんが歌ってくれたのは御照覧舞。獅子木遣りの一番初めに歌われるもので、これを歌うのが音頭衆の花形なのだという。木遣りのことは詳しくないけれど、確かに江戸木遣りを連想させる歌だ。朗々としていて、逞しく、気品がある。こんな歌を島の男たち数人が全力で歌うわけだから、さぞかし格好いいことだろう。

宮川明さん「新島は西風がすごくて、冬になると二〇メートル以上の風が吹く。昔は前浜の海岸に出て、その風に向かって歌の練習をしたそうなんです。血が出るぐらいノドをツブして初めて大きな声が出るとされていたんですね」

打ちつける波に向かって発声の練習をするという話は、ある民謡歌手の方にも伺ったことがある。その方の話によると、マイクなしでもより遠くまで声を届けられるよう、地声を大きくするためのトレーニングということだったが、新島の獅子木遣りの場合、冬の厳しい風に打ち勝つための精神的鍛錬という意味合いも含まれているのかもしれない。

そんな宮川さんにヤカミ衆のことを尋ねてみたが、その答えは意外にも「うーん、覚えてないですねえ」という気のないものだった。

宮川明さん「十三社神社で何かやってたと思うんですけど、わざわざ見にいくようなものでもないんですよ。知らないところでひっそりやってる儀式というか。獅子木遣りにしても大踊りにしても、新島の伝統芸能は儀式的なものが中心なんですよ。村民が楽しみながら自発的にやるというより、伝統だから続けている。そういうものが多いんですね。芸能ではなく、儀式だからこそ芸能化しにくいという部分もあると思います。獅子木遣り保存会にしても儀式は儀式として残して、芸能は芸能として残そうということで立ち上げたんですが……」

宮川さんは「でも、続けることができなかった」と無念の言葉を残した。なぜ新島では大島や八丈島のように芸能化した太鼓文化が育まれてこなかったのか。なぜ獅子木遣りやヤカミ衆といった独自の文化を育みながら、それを残すことができなかったのか。その理由のひとつとして、集落の中心に島の信仰世界と固く結びついたさまざまな儀式があったということがあるのだろう。「儀式だったからこそ、芸能化という形で手をつけられなかったんでしょうね」——宮川さんは少々悔しそうな表情でそう呟いたが、ぼくの耳にはその言葉が新島のディープ・ゾーンへと誘う、どこか魅惑的なものとして響いた。

そろそろ本章の重要なテーマのひとつである神唄集団、ヤカミ衆について触れておこう。ヤカミ衆とは閉経した女性だけで構成される集団で、かつてはそれぞれの神社に特定のヤカミ衆がつき、集落のさまざまな場面で重要な役割を担った。神社の例大祭では太鼓を叩きながら、神を賛美する歌を歌い（「神楽」として都の無形文化財に指定されている）、古くは豊漁を祈念するため、浜で拝むこともあった。そのほかにも「家の神いさめ、子どもの祝い、新築、祝儀などにも必ず歌う」（本田安次『日本の民俗芸能5（離島・雑纂）』）ほか、「春参り、節句参り、浜まつり、水神待ち、八朔《はっさく》、出船待ち、恵比須講（山の神へ詣ってマチをする）、戻り待ち、師走マツリ（春参りと対になるもの。神へのお礼参り）」（『伊豆諸島東京移管百年史・上』）でも歌った。

ヤカミのトレードマークは、頭に巻く「ヒッシュウ」という赤布。ヤカミだけでなく、葬式の会葬者がこのヒッシュウを巻くこともあったそうで、武田幸有『新島炉ばなし』には、「一説には、その昔、屋島・壇ノ浦の戦いに敗れた平家の一族が流れ着き、その旗印の名残りであるともいわれております」なんてことが書かれている。

なお、同書には葬式の際の話として「遺族のうち、男はすべて編笠をかぶり、女は帷子《かたびら》を頭からかぶります。これは髪や顔を隠し、謹んで喪に服する気持ちをあらわしたものでしょう」と書いてあるが、さとちゃんのお母さんによると、帷子で顔を隠す風習は現在も続いているらしい。

また、『伊豆諸島東京移管百年史・上』によると、ヤカミ衆は集落における宗教共同体の一部を担っていたようだ。神主のもとにホウリ（祝）と呼ばれる男たちが五人とネギ（禰宜）が三人つき、それぞれの妻八人がヤカミ衆を務めた。彼らの生活は、信仰に基づいて厳密に定められていたようだ。

ホウリの家の入口にオシメグイ（杭）を二本立て、葉付き男竹を添え、注連縄《しめなわ》を張る。ホウリ・ヤカミだけがここをくぐれる。屋内にナイジン（内陣）・ゴナイジンという一室を設け、普通の日も注連縄を張り、村中の神々を祀り、ホウリ・ヤカミがこのなかに入れる。家族は入ってはならない。ホウリは、家にいて朝夕、垢離を取り、不浄の仕事、その他も農・漁の作業（稼ぎ仕事）にも出ないで清浄を守る。

（『伊豆諸島東京移管百年史・上』）

一日二回垢離《こり》（水行）を行い、注連縄によって外界から遮断された空間のなかで暮らすというのだから、極めて厳格な生活だ。こうした宗教的生活を送るホウリとヤカミに対し、村民たちは四季の作物や海でとってきた魚介類などを捧げたという。

ただし、こうしたヤカミのあり方はかなり古い時代で途絶え、本村ではヤカミそのものが消滅。さとちゃんも幼いころ、ヤカミの格好をしたおばあちゃんをよく見かけていたらしいが、宮川さん同様、彼女たちが何をする存在なのか認識していなかったという。

まさに幻のヤカミ衆――。その存在に迫るべく、ぼくらは手がかりを求めて新島村博物館を訪れた。さとちゃんによると、芸能保存会会長である植松正光さんがかつて撮影したヤカミ衆の貴重なＶＨＳが三本保管されているのだという。

ぼくらをにこやかに迎えてくれた女性スタッフの方が、三本のＶＨＳを順番に再生してくれることになった。ぼくは興奮を抑えるように、画面上に映るものをひたすらメモに取った。三本の映像を順番にレポートしてみよう。

一本目は、十三社神社神楽殿で撮影したもの。撮影日は二〇〇三年。最初に歌われるのは「もといさみ」。ヤカミは全員で八人、太鼓は一人、鉦が三人、鮮やかな布のついた鈴を振る人物が四人。「みしまでん」という歌で八人全員が一斉に歌い出す。その響きはご詠歌ともお経とも違う。強いていえば、やはり神唄。おそらく撮影を仕切ったのは植松正光さんで、さとちゃんと博物館のスタッフはモニターを見ながら「あのばあちゃんは〇〇さんだ、あのばあちゃんは〇〇さんだ」と話している。その多くは死んでしまったか、今は老人ホームにいるらしい。

二本目は大三王子神社のヤカミ衆。撮影日は二〇〇三年一二月二日。本殿へと続く急階段に張り付くようにして老婆たちが掃除をしている。新島の宗教的共同体における土台を担ってきたヤカミは、晩年は神社の世話をする「掃除のおばあさん」となっていたようで、その光景には資料で読んだような宗教儀式を司る者としての神々しさはない。小屋でイモを食べながら日常会話をしている風景は、まさに近所のおばあさんたちによる寄合といった雰囲気だ。

だが、カメラはそんな老婆たちが正装し、神社の本殿へと向かう姿を捉える。彼女たちは米を御賽銭箱に入れたあと、海上安全祈願のために山と海に向かって米を放り、本殿のなかで「神いさみ」を歌い始める。さっきまで茶のみ話をしていた老婆たちの顔つきが変わり、突然ヤカミ衆に一変した。歌が進むにしたがって、ヤカミたちの身体が少しずつ揺れ始めた。まさに映画『スケッチ・オブ・ミャーク』で観た宮古島の神唄と同じ光景だ。老婆たちは歌を通じて宗教的トランス状態に入り、神の使いとなる。それと同時に、全員の節が自然とひとつになり、大きなうねりを作り出していく。さとちゃんも「どうやって歌ってるんだろう？　これ、すごく難しいと思いますよ」と驚いている。画面上に、のちにインタヴューさせていただくことになっている百井蝶子さんの姿が映る。大三王子神社最年少のヤカミ衆であり、本村最後のヤカミだ。

三本目は本村ともうひとつの集落である若郷の宮造大明神のヤカミ。こちらは一一人の大所帯で、一聴しただけで本村のヤカミとの違いが感じられる。歌われているのは「もとあけ」。歌のみで、太鼓はナシ。力強く、音程の上下が激しい。少しコブシも感じさせる歌である。歌の合間に米を供える。

三本のＶＨＳを一気に鑑賞し、ふーっと息を吐く。世にまったく出ていない歴史的映像を目撃してしまったという興奮の余韻は、その後もしばらく抜けることがなかった。サンシャインに戻って焼酎の水割りを呷りながら、ぼくはその日起こったことを大将にひたすらまくし立てた。

いよいよ明日の朝、本村最後のヤカミである蝶子さんにお会いするのである。ぼくは東京最深部に自分が到達していることを強く実感していた。

朝八時に起床し、島で唯一のパン屋さんである「かじやベーカリー」でサンドイッチを買う。今朝も集落のなかに人影はほとんどないが、サンドイッチを頬張りながら役場のあたりを歩いていると、島の人々が慌ただしく動く光景を見かけてホッとする。

さとちゃんの実家で対面した百井蝶子さんは、明るくてお元気な、まさに島のおばあちゃんのイメージを体現したような方だった。昭和九年（一九三四年）二月五日のお生まれ。新島港を見下ろす大三山の頂上に鎮座する大三王子神社のヤカミ衆を一九九七年から一〇年ほど務め、同神社のヤカミ廃止と同時に引退した。

蝶子さんのファンキーさを伝えるため、ここからは蝶子さんとの会話をベースにしながらヤカミの何たるかに迫ってみよう。

――今日はお時間をいただきありがとうございます。

**百井蝶子さん**「いやいや、暇で暇で（笑）。お医者さんにボケないためには何をしたらいい？と聞いたら、人ひとり自分のほうに向かせて毎日話すればいいって。方言でいい？」

――大丈夫ですよ（笑）。

**百井蝶子さん**「親もいたけど、私はおじいさんとおばあさんに育てられたのね。おじいさんは明治の生まれで、すごく頭がよかった。いろんなことを教えてもらった。小さいときから畑やあちこちに手を引いて連れていかれたけど、おじいさんは『畑に行ってきたんですか』という意味で『行きんさろうそ』と言うの。なんでそんなへんな言葉使うんだろうと思ってたんだけど、そこには『候《そうろう》』という言葉が入ってるんだって」

――候、ですか。かなり古風な感じがしますね。

**百井蝶子さん**「そうでしょ。うちのおじいさんは明治一七年（一八八四年）の生まれだったかな。昔の新島にはそういう不思議な言葉が多かった」

――蝶子さんを育ててくれたおばあさんもヤカミ衆だったんですか。

**百井蝶子さん**「そう。ウチは曾祖母さんからやってて、孫ばあさんもヤカミ。母親も誘われたんだけど、やらなかった。あたしの代になって『あんたのところは代々ヤカミだから』って誘われたの。いいことだから、やりますよって」

――ヤカミのやることというのは、まず、神社のお掃除ですね。

**百井蝶子さん**「そう、月三回。一四日と二二日、それと月の最後の日。あたしは一番年下だから、階段の下のトイレと藪を掃除してた。あそこは階段が四〇〇段もあるから、（昇り降りが）大変で大変で」

――掃除のあとに歌を歌うんですか。

**百井蝶子さん**「本格的に歌うのは最後の日だけ。他の二日は『掃除が終わりました』という報告をして、自分らが元気で過ごせますようにと少し拝むだけ。階段を上がったところにお茶を飲む小屋があるんだけど、月の最後の日はそこで太鼓を叩いて、『神いさみ』とか歌うの」

――拝む内容はどういうものだったんですか。

**百井蝶子さん**「『家族が病気なので治してください』とか『海が荒れて船を出せないからなんとかしてください』とか。子供がひきこもりで困ってるというので拝んだこともあるよ。子供はもちろん、親が来ちゃうとどこの家だかわかっちゃうから来ない。お賽銭とお願いの内容だけ書いた紙だけ別の人経由で渡されて、学校に行けるように拝んだことがある」

――ひきこもりの子供のためにはどういう歌を歌うんですか？

百井蝶子さん「口には出さないけど、心のなかで一生懸命に拝むの。いろんなことを頼まれたよ。お祝い事が多いけどね。新築祝いとかお店を新しくしたとか。やっぱり一番多いのは船。船を新しくしたからお願いしますっていう。一月頭のお祭りのときは半日以上やったこともある。声が枯れるほど歌った」

——そのとき歌うのは「神いさみ」ですか。

百井蝶子さん「そう、『神いさみ』」

——植松正光さんがかつて撮影したビデオのなかでも「神いさみ」を歌ってましたよね。一五年ぐらい前のことですが、覚えていらっしゃいますか。

百井蝶子さん「あのときは五、六曲歌ったと思う。もうやらなくなるからって一日撮りにきてくれてね。あたしたちが神様のほうを向きながら歌ってて、それを撮ったんじゃないかな。みんながこんなことして（ゆらゆら揺れながら）歌いだすから、あらって思った。歌に自信があるような人ばっかりだったし、みんな大きい声で歌ってるから、最後のほうは陶酔しちゃう。あのときも撮られていることを途中から忘れてたもん」

——歌うときにはリーダー役となる人がいるんですか。

百井蝶子さん「そう。リーダーの歌がおぼつかないとついていけないのね。でも、宮川テウ（ちょう）さんっていうリーダーがすごくうまくて。声がいいから、みんなも気持ち良くついていける。若郷から（本村へ）嫁に来た人なんだけど、若郷でもヤカミの家系だったの」
小澤さとさん「ああいう歌はふだん練習してたの？」
百井蝶子さん「しないしない。ただ歌ってるのについていくだけ。オーオーエーエーが多くて、言葉の意味がわからない」
小澤さとさん「新島の歌って歌詞自体は短いんですよ。それを長く歌うのが特徴で」
百井蝶子さん「『めでためでたの若松様よ／枝も栄える葉も茂る』っていうだけの文句で、長いこと歌うの。こんなふうに（と、歌いだす）」
小澤さとさん「今のは『若松様』という歌ですね。お祝いのときに歌う歌です」
百井蝶子さん「昔はヤカミだけじゃなくて、結婚式のときとかに誰でも歌ってたけど、いまは歌える人がいないね」

こうやってテープ起こしをしていくだけでも、びっくりするような証言が次々に飛び出してくる。ひきこもりの子供を学校に通わせるために拝んだことがあること。蝶子さん自身、歌いながら「陶酔／トランス」する感覚を覚えていたこと。かつてオガミンバが担っていたであろう民間霊媒師的な役割をヤカミが担っていたことも伝わってくる。

ヤカミ衆の間で共有されていたという歌帳を蝶子さんが見せてくれた。表紙には大きく

「神いさみ」の文字。古文書を扱うように慎重にページを捲《めく》ると、「神いさみ」の歌詞の横に蝶子さん直筆のメモがびっしり綴られていた。「（ヤカミの歌は）口うつしだからさ、こうやって書かないと覚えられない」と蝶子さんは笑う。

「神をいさみて里はんじょう／みな神様のおよろこび／西の海からくる潮は／新島浦へとさしこむよ（中略）新島は名所で漁どころ」――そんな歌詞の「神いさみ」を筆頭に、「お山清水」「漁倉」「潮よび」など豊漁祈願の歌が多い。蝶子さんによると、かつては新島だけでなく、式根島の漁師たちも大三王子神社を訪れ、ヤカミたちに豊漁祈願を依頼したという。蝶子さんは「大三様（大三王子神社）は海を見下ろす高台にあるから、漁の歌が多いよね。ご祝儀も船乗りのほうが多かった」と話し、元気よく笑う。

歌帳にはヤカミたちの連絡先も綴られている。その多くが大正生まれで、「私が一番若かったんだけど、もう三人亡くなってるし、二人はホーム、あとの二人は東京の病院」らしい。

また、その連絡先の上にはこんな文字が列挙されている。「社務、役衆、学校、役場、局、農協、信用組合、東電、電電公社、漁業組合、東海汽船、石山、飛行場、業者、氏子供、東京の子供、オバアサン」

百井蝶子さん「この人たちのために拝むの。『東京の子供たちが元気に過ごせますように』と拝んで、自分たちのことは最後に拝む。業者ってのは建設業者、局は郵便局、役衆は奉賛会だろうね。オバアサンというのは自分たちのことね（笑）。ひとりずつ名前を呼んでいくの」

自宅から持参してくれたヒッシュウを頭に巻き、蝶子さんが「歌いやすくてすごく好きだった」という「潮よび」を歌ってくれることになった。ぼくはそっとＩＣレコーダーのマイクを蝶子さんの口元に向ける。

潮がさしたよ／おとしょがさしたよ／新島浦へとヨー／さしこんだよ／あらさこらさでこぎ出す船はよ／昼はぼーきがさあ／そうのぼりよ／ああ入《い》り込んだ入り込んだ／ああ入り込んだ

里前沖じゃむろや小さばが入り込んだ／ああ入り込んだ／ぼうきがまっくりこむ／地引は八じょうで引き上げた

「ああ入り込んだ／ぼうきがまっくりこむ／地引は八じょうで引き上げた」という箇所は

民謡でいう囃子言葉のようなものだろうか。リズミカルで楽しげだが、全体としてどこか哀切の情がこもっている。島で生きる孤独が滲んでいるようにも思えるけれど、根っこにあるのはそれを乗り越えていこうという力強さだ。はるか彼方から大波が押し寄せ、岩場にザパーンと打ちつけられると、目にも鮮やかな白波を立てた――。そんな光景が頭のなかで鮮明に広がっていく。

歌い終わったあと、蝶子さんは「全然声が出ない。昔はこんなんじゃなかったよ（笑）」と謙遜するが、いやいや、素晴らしい歌声だ。心のうちにポッと灯がともるような、懐かしくて温かい歌。ああ、新島にきてよかった。そんな思いがジワッとこみ上がる。

蝶子さんの話によると、大三王子神社のヤカミ衆は二〇〇七年ごろに途絶えたと思われる。その際にヤカミ衆解散を告知する貼り紙を境内の入り口に貼ったというので調べてみたところ、とあるブログのエントリーに、その貼り紙の写真がアップされていた。時は二〇〇八年一月。そこにはこう書かれている。

舌代　私達は体力の衰えを感じ、今日を以って下がる事に致しました。長い間ありがとうございました。皆々様のご繁栄をお祈り致します。　大三神社　婆々一同普通に考えても、四〇〇段以上の階段を月に三回昇り降りするのは限界があっただろうし、かつてヤカミが属していた宗教的共同体そのものが崩壊していた以上、その存在意義も薄れつつあったのだろう。神に仕える特別な集団であったヤカミは、先にも触れたように、最後には「お掃除のおばあさん」となっていたわけだ。

だが、ぼくにはそうしたヤカミ衆と、現在も共同墓地を毎朝掃除し、丁寧に白砂を撒く島民たちの姿がオーバーラップしてならない。ヤカミは決して特別な存在ではなく、祖霊と神を取り巻く新島の精神性の延長上に存在していた。そして、ヤカミがいなくなってもその精神性は今もはっきりと島民のなかに息づいている。

**百井蝶子さん**「ここでは拝むときには『あとーちゃーな』と心から拝むんですよ。おじいさんに教えてもらったんだけど、『ああ、尊しや』という意味なんだって。小学校に神様のことを教えにいったことがあって、このなかに神様に拝んだことがある子！って聞いたら二、三人が手を挙げたのね。その子たちも『あとーちゃーな』と拝むと。ただ、意味がわからないというから、教えてあげたら小学校の先生がびっくりしてた（笑）。新島は本当に神様を大事にするんです」

あとーちゃーな。ああ、尊しや。なんと美しい言葉だろうか。ぼくはその言葉と出会うために、この新島にやってきたのかもしれない。

約二時間に渡って話し続けた蝶子さんは、取材が終わると颯爽とバンに乗り込み、「じゃあ、またね！」と走り去っていった。まったくイカした八〇代である。

その後、さとちゃんのお母さんの運転で大三王子神社へお参りに伺った。驚くことにさとちゃんのお母さんは子供のころ大三王子神社で天狗にさらわれた経験があるそうで、「撮影はおすすめしません」と明らかに本堂まで行くのを嫌がっている。その表情は真剣そのもの。参道入り口まで行ってみたものの、ヤカミの後誰も手入れをしていなかったこともあって、参道はほとんど獣道のよう。さとちゃんのお母さんの忠告もあって、階段下で手を合わせ、無礼を詫びた。なにせ摩訶不思議な話をたくさん聞いた後である。天狗のひとりやふたり目の前に現れても何の不思議はなかった。

新島ではお盆と正月、それとお彼岸には島中の墓すべてに生花が供えられるそうで、それはそれは美しい光景だという。この島には流人たちをルーツとする大踊りという大切な芸能があり、さとちゃんが復興に携わる馬鹿囃子という芸能もある。

そうだ、今度は夏にこの島にこよう。そして、そのときはきっちり準備し、襟を正して大三王子神社へお参りにいこう。またひとつ知らない東京と出会ったぼくは、近いうちの再訪をさとちゃんたちと約束し、竹芝港に向かうジェット船に乗り込んだ。

## 絶海の孤島・青ヶ島の「還住」（伊豆諸島・青ヶ島村）

青ヶ島に渡るのがこんなにも大変だとは思わなかった。

島に渡る方法はふたつ。八丈島からヘリコプターで渡るか、定期船「あおがしま丸」で渡るか。ただし、定期船の年平均就航率は五〇パーセントから六〇パーセント。少しでも海が荒れると着岸できなくなるそうで、実際にぼくが島に渡った二〇一九年三月の就航予定日数二〇日のうち、船が出たのはたったの一〇日だった。

そんなわけで、ぼくはあまりにリスクが高い定期船を諦め、年平均八〇パーセントの就航率を誇るヘリを選択することになった。だが、ヘリの定員はわずか九人。チケットを押さえるには朝九時からの争奪戦に挑まなくてはならない。ぼくも妻と作戦を練って三台の電話をフル稼動してチャレンジしたものの、ようやく電話が繋がったときにはすでに売り切れ。翌日ふたたび争奪戦に挑み、辛うじてリヴェンジを果たした。今までいろんな場所を旅してきたが、上陸するだけでここまで大変だった場所はあまり記憶にない。

奥東京を巡る旅の最終地点をどこにするべきか、ぼくは少し悩んでいた。単純に「東京の一番端」を訪ねるのであれば、世界自然遺産に登録されている小笠原諸島の父島と母島だろう。この島には一九世紀から断続的に欧米人が入植し、現在も彼らの子孫である欧米系住民が暮らしている。もしくは日本の最南端に位置する沖ノ鳥島、または最東端にある南鳥島。どちらも東京都小笠原村に属するものの、上陸が許されているのは基本的に海上自衛隊や気象庁の職員、工事関係者のみ。資料をもとに、それらの島の歴史についてまとめることも不可能ではないだろう。

でも、どうもピンとくるものがなかったのだ。小笠原諸島に住む欧米系住民の歴史や彼らが伝えてきた歌については知りたいこともたくさんあるけれど、どこか数珠繋ぎのようにひとつひとつの取材が繋がりつつあった旅の最後として向かうべき場所は、小笠原諸島ではないような気がしていた。

そこで浮上してきたのが青ヶ島だった。新島で興味深い取材をしたこともあって、伊豆諸島の歴史にもう一歩足を踏み入れてみたいという思いもあった。そしてなによりも、太鼓奏者／ドラマーである荒井康太くんという青ヶ島出身の友人がいて、康太くんから島の話を以前から聞かされていたことが大きかった。

青ヶ島でお世話になった荒井家のことを最初に紹介しておこう。

康太くんは昭和六〇年（一九八五年）の生まれ。現在は埼玉との県境にも近い東京の多摩地域に住み、ドラマーとしていくつものグループで活動する一方、青ヶ島の伝統太鼓奏者としても活躍している。その康太くんの兄である智史さんも都心で太鼓奏者として活動していたが、三〇歳になった二〇一一年に島に戻り、家業を継ぎながら太鼓奏者としての活動を続けている。お父さんの良一さんは青ヶ島生まれ。お母さんのまゆみさんは長崎出身で、良一さんとの出会いを機に島に移り住んだ。

康太くんによると父方のおばあさん（フクさん）はもともと青ヶ島の家系で、おばあさんの旧姓である廣江は青ヶ島のなかでも古い苗字のひとつだという。おじいさんの良雄さんは東京・板橋の米農家が実家で、結婚のタイミングで島にやってきた。残念ながらおふたりともすでに亡くなっている。

ラッキーだったのは、ふだん内地に住んでいる康太くんがちょうどぼくの来島と同じタイミングで帰省していたということだ。康太くんの実家は十一屋酒店という島唯一の商店を営むほか、自動車整備工場とガソリンスタンドを経営。康太くんもときたま島に帰って家業の手伝いをしている。同じ時期に島にいるということで、忙しい合間を縫って島の案内もしてくれることになった。

青ヶ島は、極めて特殊な歴史を辿ってきた島でもある。

ぼくがもっとも興味を惹かれたのは、安永九年（一七八〇年）から天明五年（一七八五年）にかけて起こった「天明の大噴火」により、島民全員が八丈島への避難を余儀なくされ、約五〇年もの歳月を費やして完全な帰還を実現したということだ。その間も島民たちは幾度となく島への帰還を試みたものの、海難事故によって計画は頓挫。民俗学者の柳田國男はこの壮大な帰還計画を「青ヶ島還住記」（『島の人生』所収）において「還住」と命名。現在ではその言葉が知られている。

約五〇年にわたる八丈島の避難生活は、それはそれは苦しいものだったらしい。青ヶ島で大きな噴火が起きた時期は、近世最大の飢饉とされる「天明の大飢饉」の真っ只中。異常気象および岩木山と浅間山の噴火により、東北の農村では数万人単位が餓死した。「青ヶ島還住記」によると八丈島も例外ではなく、移住者である青ヶ島住民は八丈島の島民以下の生活を強いられたという。

青ヶ島の島民たちはそんな八丈島から逃れるように島へと戻ろうとしたわけだが、まるで何かに呪われているかのように帰還はうまくいかない。それゆえに、多くの人命を犠牲にしながら帰還と復興を実現した名主・佐々木次郎太夫は、「青ヶ島のモーゼ」とも呼ばれ、

現在も島民からの尊敬を集めている。
還住とはただの帰還を意味しているわけではない。還り、住むこと——そのふたつの行動を表す言葉であって、そこには極めて過酷な生活環境である青ヶ島という場所に「住み続けること」も含まれている。康太くんの兄である智史さんとお父さんの良一さんは内地に一度暮らし、島へと戻ってきたUターン組。ある意味では現代の還住を達成した島民とも言えるわけだが、「天明の大噴火」以降の青ヶ島の歴史とは、そのようなさまざまな世代の還住によって成立している。
東日本大震災で故郷から離れることを余儀なくされた被災者のこと、高齢化によって住み慣れた故郷を離れざるを得なくなった地方の人々のことが脳裏をかすめた。帰れなかった人々、帰りたい人々、帰ることができた人々。

なぜ青ヶ島の島民たちは命の危険を冒してまでも島に戻ろうとしたのだろうか。執念ともいうべき彼らの思いを支えていたものとはなんだったのだろうか。そして、青ヶ島の人々はなぜ還住することができたのだろうか？

二〇一九年三月末時点での人口はわずか一四八人（五月になると教職員とその家族が島にやってくるため、約一七〇人に増加する）。日本でもっとも人口の少ない市町村である青ヶ島に上陸したのは、二〇一九年三月二八日のことだった。

鎌倉時代の軍記物語「保元物語」のなかには、島流しになった源為朝が鬼ヶ島を見つける逸話があり、その島が青ヶ島ではないかと言われている。ヘリから眺める青ヶ島の全景は、まさに鬼ヶ島そのものだった。島の周囲は断崖絶壁に囲まれていて、すり鉢状になった島の中央部には小さな山がちょこんと収まっている。こうした二重構造のカルデラは世界的にも珍しいという。

青ヶ島に到着して早々、康太くんが島を案内してくれることになった。すり鉢の渕にあたる部分は外輪山という山脈がぐるりと囲んでいて、その最高地点四二三メートルのことを「大凸部《おおとんぶ》」と呼ぶ。まずはその最高到達点をめざすことになった。

丸石が埋め込まれた急勾配の道を四つん這いになって登る。重度の高所恐怖症であるぼ

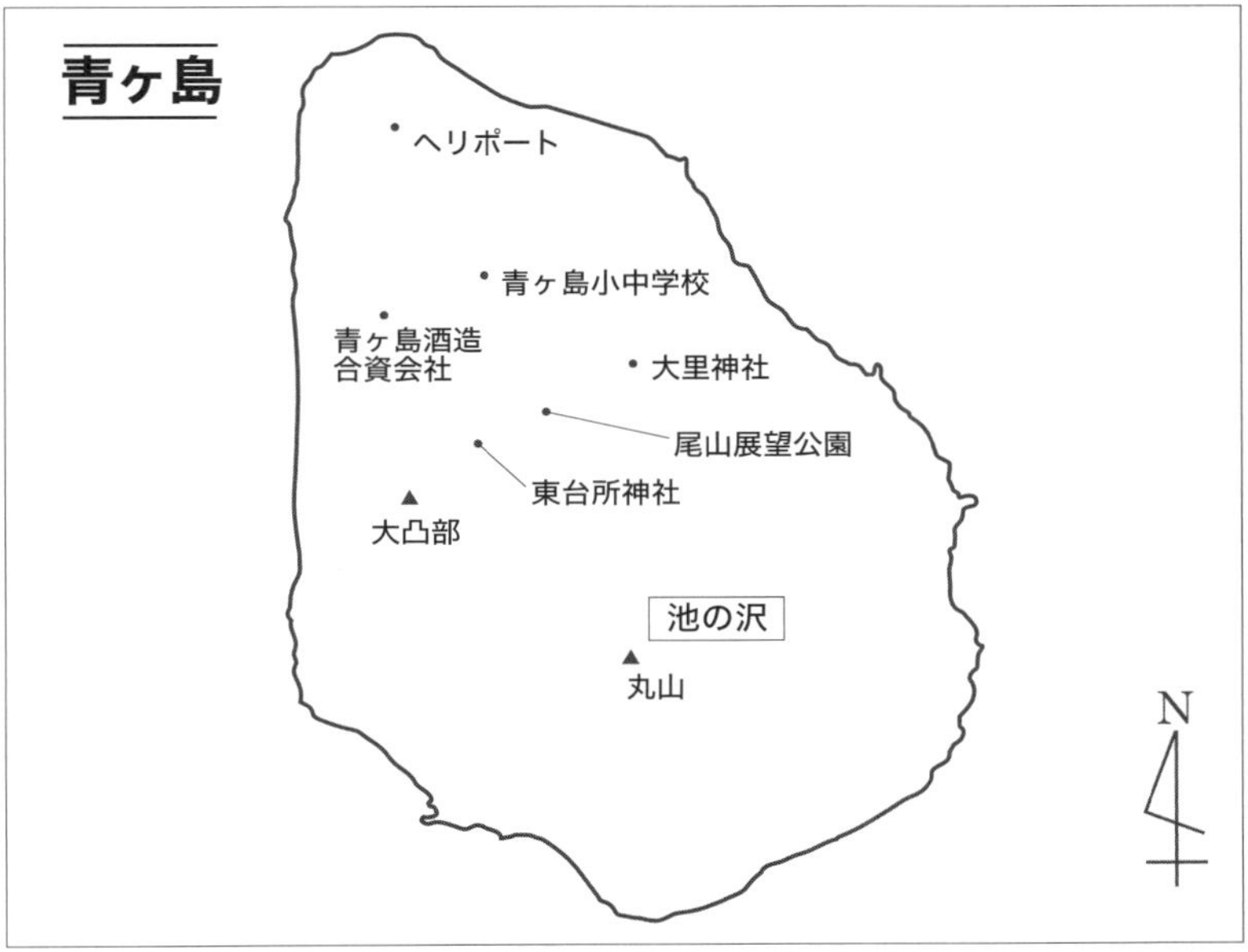


くにとっては冷や汗ものではあるものの、意識を無にしてひたすら足と手を動かす。うっかり足を滑らせたら、そのまま眼下に広がる大海原まで一気に転げ落ちてしまいそうな恐ろしさだが、康太くんは散歩でもするかのようにひょいひょいと登っていく。

しばらく登ると、失恋の腹いせに島民七人を殺傷し、入水自殺をした朝の助の霊を鎮めるために建立されたという東台所《とうだいしょ》神社に到着した。ここから尾根沿いを移動して尾山展望公園へ。外輪山に周囲を囲まれた盆地の真ん中に、天明の大噴火でできた丸山がぽっかり浮かんでいる。どこか現実感のない、まるでジオラマのような風景だ。

一度集落に戻り、康太くんとともにふたたび山へ。今度は島の総鎮守である大里神社を

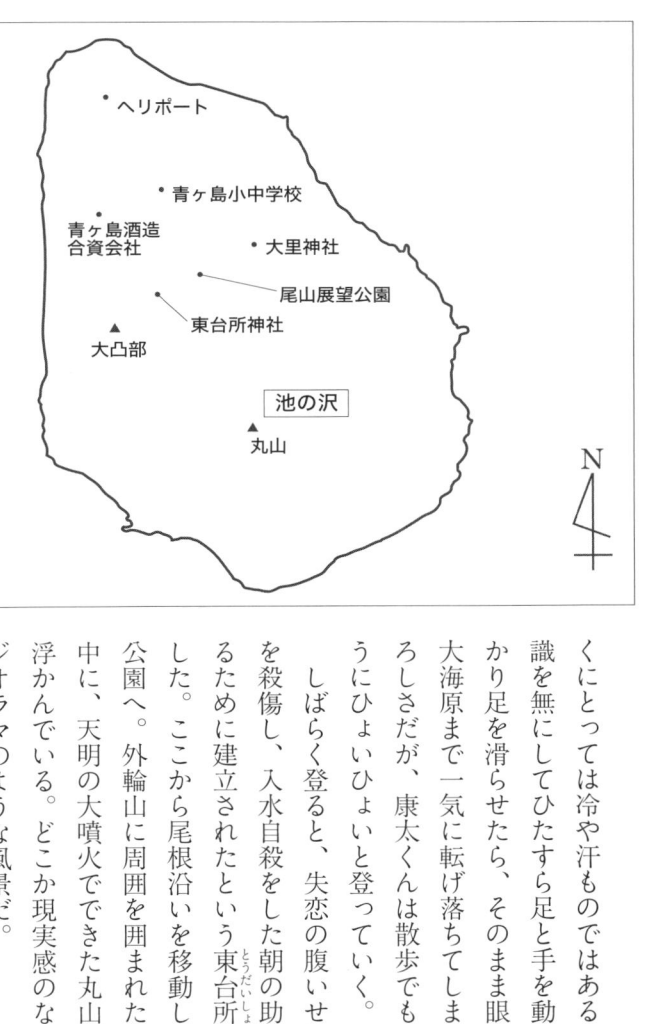

めざす。さっきと同じような玉石の急勾配をよじ登る。

大里神社の本殿のなかには「でいらほん」という、今は行われなくなった神事の仮面が二体安置されている。ぼくは以前からそのことを知っていた。というか、その面を一目見るために恐ろしい急勾配をよじ登ってきたのだ。

『青ヶ島の生活と文化』のなかでは、でいらほんについてこう解説されている。

大里神社の上のイシバと言われる上方の一部では、『デーラホンの祭り』が行われていた。これは、女面を覆ったシャニン（筆者註：男性の巫者）がゴザの上に横たわり、デーラホンの歌に合わせ、徐々に起き上がっていく演技を見せるものである。旅先で死にかかっている母親を、息子が呼びかけて蘇生させる情景を演じたという。完全に立ち上がった母親は元気に飛び跳ね、閉じた扇で刀を切り結ぶ所作をする。

（『青ヶ島の生活と文化』）

ＮＨＫが昭和四一年（一九六六年）に制作したドキュメンタリー番組『牛とカンモと神々の島』のなかで、このでいらほんの模様が撮影されている。以前、康太くんにその映像を見させてもらったことがあるが、薄暗い神社の一角に女面を被ったシャニンが寝転び、やがて起き上がるその光景はほとんどホラー映画。子供だったら夜眠れなくなるぐらいの衝撃映像だった。

青ヶ島にはこのでいらほんをはじめ、さまざまな神事が執り行われてきた。こうした神事については民俗宗教史家の菅田正昭さんが興味深い著書を多数残しており、ぼくなどがそこに付け加えることはない。そうした神事の多くはすでに途絶えていて、菅田さんの著作など貴重な資料のなかで触れることしかできなくなってしまった。

でいらほんの面が安置されている大里神社では、とても奇妙な光景に直面した。本殿（という名の小さな小屋）のガラス窓からご神体が祀られている神棚を覗き込むと、女面の横に並んでいるはずの鬼の面が下に倒れていた。康太くんがガラスを開け、なかに入って鬼の面を戻そうとしたとき、康太くんが「あっ」と声を上げた。そこにはなぜか二〇匹ほどのカタツムリの死骸が山積みになっていたのだ。それはグロテスクというより、何か宗教的な意味を感じさせるような奇妙な積み上がり方で、思わず背筋が凍った。

だいたいここは山頂の小さな神社である。観光客がガラスをこじ開け、そこにカタツムリの死骸を積んだとは考えにくい。康太くんは「ネズミがそこでカタツムリを食べたのかもしれませんね」と話し、康太くんのお父さんである良一さんは「日陰でちょうどよかったからカタツムリが集まったんじゃないか」という説を唱えたが、どちらの説であれ、ま

るで人が積み上げたかのようにカタツムリの死骸が山積みになっている理由の説明にはならない。

なにか良くないものを感じて本殿の外に出ると、頭上にみるみる暗雲が立ち込め、冷たい風が吹き込んできた。本殿の横にはかつて神事が執り行われていた祭場が二段に分かれて広がっている。島民たちが祈りを捧げていたイシバサマの石祠が立ち並んでいるが、なかには崩れ落ち、草木に飲み込まれつつある石祠もあって、凄まじい迫力だ。

ついには暗雲から大粒の雨が降り出し、ぼくらは本殿の一角で身を寄せ合うようにして雨宿りをした。「それにしてもあのカタツムリは何だったんでしょうね」——康太くんがボソッと呟く。ヘリを降りてからわずか三時間。どうやらぼくはすごいところに来てしまったようだ。

先ほどよじ登った玉石の急勾配を半泣きになりながら下り（雨で濡れているものだから、これまためちゃくちゃ怖い）、宿で一五分ほど休憩したあとは、康太くんから智史さんにガイド役をバトンタッチ。今度はカルデラの内側部分、池の沢と呼ばれる森林エリアを案内してもらうことになった。

島の端に広がる外輪山が山の世界ならば、丸山を囲む池の沢は森の世界だ。海から冷たい風が吹き上げる外輪山とは違い、山と森に守られた池の沢には穏やかな空気が満ちている。ケキョケキョケキョ。春の気候に誘われ、ウグイスたちもまるで競い合うかのように可愛らしい鳴き声を響かせている。

噴火前の池の沢には満々と水をたたえる池があり、農作物を育てる土壌にも恵まれていたという。いわば絶海に浮かぶオアシスみたいな場所だったのだろう。

現在の池の沢には水道が通っていないこともあって、集落はない。ただし、古くは数軒の民家があり、良一さんが子供のころまでは荒井家もそのうちの一軒だった。池の沢に立つ丸山の裾には「ひんぎゃ」と呼ばれる水蒸気の噴出する一帯があって、電気がない時代の島民はここで暖をとったり、サツマイモを蒸して食べたりしていたらしい（現在は村営のサウナが営業している）。かなり原始的な生活だ。

智史さんのナヴィゲートによって森のなかに入っていくと、上空から見ると平面に思えた森がかなり複雑な地形だったことに気づかされた。噴火で流れ込んだ溶岩がまるで迷路のような谷を作り、そこにオオタニワタリが青々とした葉を広げている。このオオタニワタリ、青ヶ島にいるとあまりにも普通に見かけるためありがたみがなくなってくるものの、日本南部から台湾でしか見られないシダ植物で、都の絶滅危惧種に指定されている貴重な植物。島原産の焼酎である「青酎」の麹起こしをするときに使われるなど、青ヶ島の生活と密接に結びついている。

そうしたオオタニワタリの横には、ハンノキ（オオバヤシャブシ）が生えている。池の沢の森は古い時代、炭焼きが盛んに行われていたが、ハンノキは炭焼きの際にもっともいい素材とされた。そのため、今も森のなかには炭焼き小屋の残骸が残っている。

智史さんは島のことを知り尽くしていて、ひとつ質問を投げかけると、スルスルと答えが返ってくる。まさに歩く青ヶ島辞典。智史さんのおかげで、この島の森がいかに豊かか、素人のぼくでも理解することができた。ここにはさまざまな種類の生命が共存していて、調和のとれた社会を構成している。

だが、そんな池の沢の森にも、近年は島外から蛾が入ってきてだいぶダメージを受けているという。絶海の孤島ゆえに守られてきたものがある一方で、免疫がないぶん、一度害虫が入ってくると島の均衡は一気に崩れてしまう。

荒井智史さん「昭和六〇年代にゴマダラカミキリが入ってきちゃってからは、オオバヤシャブシの大木もほとんどなくなってしまったんです。他の島とこれだけ海で隔てられているので、昔はそう簡単に外来種が入ってこなかったんですよ。でも、園芸ものをやるようになってから土に紛れて入ってくるようになってしまって。それまではダンゴムシもいなかったし、カタツムリもいなかったんです」

池の沢の象徴ともされる大杉へ案内してもらった。この大杉は大噴火の際、いち早く復活を果たした杉だそうで、近年植林された周囲の杉よりも古い樹種らしい。いわば島の再生の象徴。智史さんも「注連縄こそ巻いてないですけど、昔からこの大杉は島にとって大事な存在だったんです」と話す。ガイドがいないと気づかずに通り過ぎてしまう人もいるというが、確かに一本だけ佇まいが違う。

不思議なのは、大杉のすぐ近くまで溶岩が押し寄せているということで、その光景はまるで溶岩が大杉をガードするかのように囲んでいるようにも見える。大杉の横に立ってみると、森のなかに吹き込んでいた風がぴたりと止んだ。そこには聖地ならではの特別な空気が漂っていた。

溶岩が複雑な地形を作り出している森からひとたび離れると、そこにはサツマイモなどを育てる畑が点在している。溶岩がゴロゴロと転がる大地を開墾し、そこで農作物を育てる大変さは並大抵のものではなかっただろう。車を運転しながら智史さんがこう話す。

**荒井智史さん**「先祖代々がんばって鍬を入れ、開墾してきたこともあって、島の人たちは土地に対する執着が強いんでしょうね。それも当然のことで、畑があって、そこで食べるものを作れるということは、この島ではお金を持っていることよりも重要なことだったんです。噴火のときに移り住んだ八丈島は、いくら住んだって自分たちの土地ではなかった。ましてや飢饉が頻繁にあった時代ですからね。青ヶ島に帰れば食べるものがあって、生きていくことができる。なんとかして帰りたかったんだと思います」

そうやって智史さんは、還住を達成した島民——彼にとっては先祖になるわけだが——への共感を口にした。

T字路に差し掛かると、発電所の燃料タンクをトラックに満載した康太くんが手を振りながら通り過ぎていった。智史さんいわく「父はタンクの修理もやってるんですよ。年度末でその作業がかなり立て込んでまして」ということらしく、荒井家の人々は朝から晩まで働き続けている。島だからゆったりとした生活を送っているかと思いきや、決してそんなことはない。康太くんも実際、内地にいるとき以上にバタバタと忙しく動き回っているようだった。

一九七〇年代、青ヶ島では急速な近代化が進められた。近代化といっても、青ヶ島の場合はだいぶのんびりした話である。炭焼きぐらいしか主だった産業がなく、牛に乗せて荷物を運んでいた青ヶ島に初めて自動車がやってきたのが昭和四二年（一九六七年）。初めて電気が灯ったのは昭和四一年（一九六六年）のことだった。昭和四七年（一九七二年）には村営定期船「あおがしま丸」が就航。道路や港湾施設、教育施設、福祉館がそれからわずか一〇年のあいだに整備・建設された。簡易水道施設が完成したのは昭和五四年（一九七九年）のことで、それまで雨水を貯めて生活用水としていたというのだから、都心の発展を考えると別の国の話にも思えてくる。

青ヶ島の凄いところは、そうした島の近代化におけるかなりの部分を、島民みずからがやってのけてしまったという点だ。四〇キロものセメントを両肩に担いで運び、道路の舗装や擁壁の石積み、ガードレールの設置まで自分たちでやってのけた。島外の業者に依頼するのではなく、みずからの手で島の近代化を推し進めたこと。それは当時を知る島民たちにとっては「俺たちが島を作ったんだ」というプライドと結びついている。そのプライドはきっと、溶岩だらけの大地に鍬を入れて開墾してきた先祖の思いと地続きになっているのだろう。

島の近代化において中心的役割を担ったのは、一九六〇年代後半から七〇年代初頭にかけて内地から島へと戻ってきた若い世代。つまり戦後生まれの団塊世代だった。康太くんも「道路からなにまで、その世代が島の土台をほとんど作ったような感じなんですよ。道具も水もないところから島の地盤を作ってきたので、経験値と馬力がまったく違う。内地の一〇〇年分の成長を五〇年で成し遂げてますからね。その世代の方々には敵わないです(笑)」と笑う。

昭和四八年(一九七三年)三月に放送されたNHKのドキュメンタリー番組『新日本紀行』のなかで、そんな若き島民たちの姿が映し出されている。

登場人物のひとりは、康太くんたちの叔父にあたる荒井清さん。都心で豆腐作りを覚えた清さんは、島に戻ったあと、朝四時に起きて豆腐を作り、八時から建設現場に駆けつけるというハードな生活を続けていた。一丁五〇円の豆腐をいくら売ったところで、二〇〇万円の設備投資費の元がとれるわけがない。「商売というよりは気持ちで、東京で食べたおいしい豆腐の味を島のみんなに伝えたかったんじゃないか」――康太くんはそう推測する。島に対して何かを還元したい。そうした当時の清さんの思いは、七〇年代における島民たちが共有していた意識なのかもしれない。

なお、清さんはその後、後述する青ヶ島酒造合資会社を昭和五九年(一九八四年)に設立。島原産の焼酎「青酎」の生産を手がけることになる。

一九七〇年代に島の生活が一変した背景には、公共事業が一気に流れ込み、島民たちの仕事を変えてしまったこともあった。青ヶ島教育委員会が一九七九年に制作したドキュメンタリー映画『複式火山の島』のなかでは、当時の青ヶ島の状況についてこう解説されている。

---

昭和四〇年代、怒涛のごとく押し寄せてきた公共事業の波は、確かに青ヶ島の近代化へ大きな貢献を果たしました。しかし、表面的な物質生活の豊かさの反面、青ヶ島本来の生産力といえる地場産業の進展は、大きく後退してしまいました。青ヶ島の自己財源はわずか一〇パーセント未満。七〇パーセントは地方交付税や国の支出金によってまかなわれているのが現状です。地場産業を持たないという経済的な弱

---

さは、公共事業の停止とともに青ヶ島の滅亡、ということに繋がりかねない、危険な状態にあるといえるのです。（『複式火山の島』）

青ヶ島のような小さな島の経済構造が公共事業頼りになってしまうことはある意味で仕方がないことでもある。主だった産業を持たず、八丈島のように多くの観光客を受け入れるだけの余力もない。島民のほとんどが公共事業に関連した仕事と関わりを持つ現在もその状況は基本的に変わらない。

だが、一九七〇年代に島の近代化を推し進めた島民たちは、公共事業頼りの島で自立産業を育てようと試行錯誤していた。当時そうした動きを牽引していたのが、青ヶ島小中学校で教師を務め、のちに青ヶ島村の村長となった山田常道さん。常道さんはパッションやエシャレットの栽培など産業開発に情熱を燃やしたほか、村長選挙の際は「昭和還住」を提唱。基盤産業確立、地域格差是正、教育問題を訴えた。自身の著作『火の島のうた——還住青ヶ島』のなかで「産業振興が無論第一主眼だが、特に、次の世代に引き揚げの不安が残らないような基盤作りにねらいを置いた」とも書いている。

『複式火山の島』のなかでは、ちょうど村長になったばかりの常道さんが登場。青ヶ島の未来について熱弁を奮っている。その表情は精悍そのもので、農地をみずから耕してきた男ならではの逞しさが漲《みなぎ》っている。

山田常道さん「青ヶ島は今、白紙の状態。それをわれわれ若い力を結集して、白紙の状態から立ち上げていきたい、そう考えています。五〇年という年月をかけて、われわれの先祖がこの島を人の住む場所として残してくれた。この島を第二の（八丈）小島にしてはならない。尊い歴史の染み込んだ、美しい複式火山の自然を大切にしながら、そのなかで産業を育て、次の世代が安心して住める青ヶ島にしたい。われわれはそれを願うし、また、努力しなきゃいけない」

この言葉のなかにあるように、八丈島の近くに浮かぶ八丈小島の島民たちが昭和四四年（一九六九年）に集団離島したことも危機感を煽っていた。常道さんたちを突き動かしていたのは、「このままだと我が故郷も八丈小島と同じことになる」という切実な思いだったのだ。

ここでとても興味深いのは、「故郷」という言葉が必ずしも青ヶ島出身者だけのものでなく、とても複雑で豊かなニュアンスとともに考えられていることだ。熱く青ヶ島のことを語る常道さんの生まれは、八丈島の樫立地区。東京都杉並区で育ち、戦後八丈島に戻り、のちに青ヶ島小学校へ赴任している。

また、康太くんたちのおじいさんにあたる良雄さんは板橋区の出身で、大正七年（一九一八年）の生まれ。康太くんによると、「おじいちゃんは東京生まれ東京育ちで、ハタチを過ぎてから島に来た人だったけど、亡くなるまで完全な島言葉でしたね。最後は内地の施設で亡くなったんですけど、ずっと島に帰りたがっていた」らしい。康太くんはこう続ける。

**荒井康太さん**「これからの時代、『生まれ育った』という表現はよくないんじゃないかと思ってるんですよ。太鼓や踊りが好きでそこに住み着いた人だってそこの住人だし、島生まれじゃなかったウチのおじいちゃんだって、最後は島の人として亡くなったわけで」

康太くんの視点は、とても重要なことを含んでいる。常道さんと良雄さんは共に島外の出身者でありながら、青ヶ島を愛し、島の人間として生涯を終えた。現代ならともかく、ふたりが渡ってきたときの青ヶ島には電気も水道も通っておらず、誰もがみな極めて原始的な生活を送っていた時代。それだけに良雄さんもかなり苦労したらしい。炭焼きをやるにしても、よそものだったため池の沢のいい場所を与えられず、丸山のなかで炭焼きをやっていたというのだ。現地を訪れたことがないとイメージしにくいかもしれないけれど、丸山は青ヶ島のなかでももっとも奥まったところにある山。ここから港まで炭を運ぶというのは、想像を絶する苦労だったに違いない。

それでもなお、良雄さんは青ヶ島を愛した。そこにはみずから鍬を入れて耕した土地に対する愛着もあっただろうし、家族や仲間が住む土地に対する思いもあっただろう。智史さんはこう話す。

**荒井智史さん**「祖父の時代は標準語を話せる人なんて島にはほとんどいなかったわけで、祖父もずいぶんよそもの扱いされたそうなんですよ。仕方ないですよね、話し言葉も違うわけで。だから、ぼくもわからないんですよ。なぜそんな場所に東京生まれのおじいちゃんがやってきて、なおかつ最後まで島に対する愛着を捨てなかったのか。おばあちゃんとのこともあったんでしょうね」

かの柳田國男が「日本における民俗学者の草分け」と評した近藤富蔵のことがふと思い浮かんだ。富蔵は「鎗ヶ崎事件」によって文政一〇年（一八二七年）に八丈島へと流された流人のひとりだったが、長い流人生活の間に、八丈島の暮らしを記した全七二巻の『八丈実記』を書き下ろした。明治に入ってからの明治一三年（一八八〇年）には政府から赦免《しゃめん》を受けるものの、明治一五年（一八八二年）にはふたたび八丈島に戻り、一観音堂の堂守として生涯を終えた。

近藤富蔵はなぜ赦免されたあとも島に戻ったのだろうか。そこにあった思いは、常道さんや良雄さんが抱えていたものと同じだったのかもしれない。

ちなみに、智史さんと康太くんのお母さんであるまゆみさんは、島に初めて上陸した際、船から島へと降りたった一歩目で履いていたハイヒールのかかとがポキンと折れたそうだ。まるで島の神様によって「こんなものは必要ないだろ?」と強制的に折られてしまったかのようではないか。

そんなまゆみさんもまた、ときたま長崎や福岡のことを懐かしそうに話すことはあっても、島の女として生涯をまっとうしようとしている。

故郷とは、郷土愛とはいったい何なのだろうか。ぼくは青ヶ島でとても大きな課題を与えられてしまったようだ。

青ヶ島にはふたりの奏者がひとつの太鼓を両面から打ち合う「還住太鼓」という郷土芸能がある。ひとりは下打ちと呼ばれるベーシックなリズムを叩き、もうひとりはそれに合わせて、上打ちというメインの太鼓を叩く。即興性が高く、太鼓遊びの延長上にある芸能ともいえるだろうか。ぼくも以前、あるイヴェントで康太くんと還住太鼓を叩かせてもらったことがあるけれど、これが実に楽しい。たとえぼくのようなヘタクソであっても、ひとつの太鼓をもうひとりの奏者と挟み込んでドカドカと叩き合うだけでオッケー。ただし、相手の音を聴きながら叩かないといけないわけで、コミュニケーション能力が鍛えられる太鼓でもある。

この還住太鼓、もともとは八丈島に伝わる八丈太鼓のスタイルが元になっている。三〇〇年の歴史を持つとされるその八丈太鼓を八丈島出身の山田常道さんが青ヶ島に伝え、島のおばあちゃんたちに太鼓を習ったりしながら青ヶ島独自の太鼓文化として立ち上げたのだという。それが一九七八年のこと。良一さんも創設者のひとりだ。

現在還住太鼓の代表を務めているのは智史さん。康太くんとともに都心や海外でもワークショップを行うなど、精力的な活動を続けている。

島民のアイデンティティーと固く結びついた「還住」という言葉を冠した還住太鼓は、青ヶ島の文化復興運動の一環という側面を持っていたわけだが、昭和五九年（一九八四年）には島のもうひとつの伝統的風習が会社化され、島の主要産業となるべく操業を始めている。それが青ヶ島独自の酒造り文化だ。

青ヶ島の酒造り文化はその特殊さゆえに近年広く注目を集めている。青ヶ島に酒造りの文化が伝わったのは江戸時代後期。八丈島に流罪となった薩摩の廻船問屋、丹宗庄右衛門《たんそうしょうえもん》が八丈島に伝えた芋焼酎造りのノウハウが青ヶ島に伝播し、各家庭で焼酎が造られるようになった。

そうした自家製焼酎はあくまでも島民たちのあいだだけで親しまれてきたものだったが、昭和五九年（一九八四年）、生産者（杜氏）たちが集まるかたちで青ケ島酒造合資会社を設立。杜氏のひとりでもある荒井清さんが代表に就任し、「青酎」という名で一般発売されるようになった。ソムリエの田崎真也さんが各メディアでその風味を絶賛したことから人気が上昇。絶海の孤島で作られているというレア感もあって、一気にその名を知られるようになった。

そんな青ケ島酒造合資会社の酒蔵を見学させていただくことになった。

話を聞かせてくれたのは杜氏の奥山晃さん。ここでは晃さんのほかに一〇人の杜氏が酒造りをしており、「杜氏の方々はみんなお酒を造っていた家庭の方で、家の伝統を受け継ぎながら、ここで酒造りをやってるんです」（奥山晃さん）。晃さんの家庭も古くから酒を造っていたという。

**奥山晃さん**「この島では酒は女性が造るもので、奥さんのあいだで造り方が伝わっていったんです。今みたいに定期的な船便もなかった時代は酒を造っても島の外に出荷できなかったので、あくまでも自分たちが飲むためのもの。特別なときに飲むものというより、日常的に楽しむものですよね。昔は酒造り自慢の家庭もあったと思いますよ」

当時の焼酎はどんな味がしたのだろうか。酒を愛するものとしてはなんとも興味がそそられる話である。後日、荒井家でお会いした杜氏の広江清二さんは、昔の酒造りについてこう話してくれた。

**広江清二さん**「（酒は）みんな女が作ってた。薪拾いも自分でやってね。男は関知してなくて、飲むだけ（笑）。親父は日雇いで稼ぐのが忙しくて」

――酒を売ることもあったんですか。

**広江清二さん**「うん。ただ、（島の）外に売るんじゃなくて、必要な人がいれば近所の人に売るぐらい。どこの誰が焼酎を造っているかはみんなわかってるから。造れる人は一年分の酒をまとめて造って、祝いの席に祝儀として持っていったり。みんな金がないからね。ビールが入ってくるようになったのはずいぶん後から。それでもお金を稼げる人しか飲めなくて、みんな自分たちで造った焼酎を飲んでた。今は焼酎が高くて買えないから、ビールを飲んでるっていうけど（笑）」

青酎は一〇人の杜氏によって造られていて、なおかつそれぞれに原料や製造法が異なる。原料にしてもサツマイモと麦の二種類があるほか、二回に分けてもろみを造る「二段仕込み」、自然麹とサツマイモ、水を同時に仕込む「どんぶり仕込み」と製造方法も異なる。「どんぶり仕込み」は麹菌を育てる際にオオタニワタリを使うなど、昔ながらの製造法にこだわっている。各家庭で造り方が違っていたかつての酒造法をそのまま現代に受け継いでいるわけだ。

酒造りは夏の麹作りから始まる。本格的な酒造りが始まるのはサツマイモの収穫時期にあたる一〇月から二月にかけて。そのサイクルもまた、昔から変わらない。

**奥山晃さん**「自然醸造のやり方ってリスクが高いんですよ。味が安定しないし、日本酒ではまずこういうやり方はやらないと思います。だから、酒造りのやり方を知ってる人がここに来ると、みなさんびっくりされるんです。『こんな江戸時代みたいな造り方をまだやってるんですか』って（笑）」

酒蔵のなかに設置された銅製の蒸留釜（単式蒸留機）を見せていただいた。メインで使っている蒸留釜の横には、先代の蒸留釜が重厚な存在感を放っている。見た目は多少古ぼけているものの、今も現役。晃さんによると、「買う金がなかったので、昭和六〇年ごろみんなで作ったんですよ」というハンドメイド蒸留釜である。道路ですら自分たちで作ってしまう青ヶ島の島民だから、蒸留釜なんて簡単なものなのだろう。この島の人たちはそうやってなんでも自分たちで作ってしまうのだ。

一〇種類以上ある青酎を試飲させてもらうことになった。ひとつひとつの香りがまったく違うことに改めて驚かされるが、衝撃的だったのは六〇度の初垂れ。初垂れとは焼酎のもろみを蒸留する際、最初にとれる原酒のこと。瓶詰めして販売することができず、一杯単位でしか売ることができない。いわば青ヶ島でしか飲むことができない幻の一杯だ。贅沢にも何種類かの初垂れをいただいたが、驚いたのは自然麹の初垂れ。マイルドでありながら豊かな風味があり、思わず「あっ、おいしい」という言葉が漏れた。

最後に晃さんからすごい話を聞いた。

**奥山晃さん**「土葬だったころは遺体と一緒に酒瓶を埋めてたんですよ。二〇年ぐらい経つと墓を掘り起こし、焼いたものを骨壷に収めて戻すんですけど、そのとき埋めてあった酒をみんなで飲むという風習があったそうなんです。二〇年寝かしたお酒なので、ずいぶん美味しかったという話を聞いたことがあります」

埋葬の際、故人が好きだったものを棺に納めるというケースは現代の火葬でも一般的に行われている。だが、ともに埋葬したものを掘り起こし、参列者と飲むというのは現代ではまず行われていないだろう。ひょっとしたらそこには神事の最後に供物やお酒を飲食する直会《なおらい》の意味合いもあったのかもしれないし、死者との交流という目的もあったのかもしれない。いずれにせよ、青ヶ島の生活における酒の役割を伝える風習でもある。

なお、智史さんが子供のころに亡くなった荒井家のおばあちゃんも土葬で埋葬されたそうで、それがおよそ三〇年ほど前。智史さんの記憶では、一〇年少し前に最後の土葬が行われて以降、青ヶ島では土葬は行われていないようだ。

島ではそのほかにも不思議な話をたくさん聞いた。なにせ「人の数だけ神様がいる」とも言われる青ヶ島。島そのものが常世と現世の中間に浮かんでいるかのようなところだけあって、まるで民話のような話でも不思議とリアリティーがあるのだ。

亡くなってしまった康太くんたちのおばあさん、フクさんは島の神事を司る巫女だった。そのため、良一さんは島の神事や儀式にもたびたび立ち会い、当時のことをはっきりと記憶している。

こちらは良一さんとともに島の土台を作り上げてきた広江清二さんと良一さんの会話。

**広江清二さん**「死んだ人が憑くと、巫女さんにバンバン背中を叩かれる。それが痛いんだよ(笑)。俺の場合は死んだおふくろに憑かれちゃって。巫女さんによると、小さい俺を残して死んだことを詫びるようなことを言ってるって」

**荒井良一さん**「巫女さんは扇子を持って、拝してるわけだけど、その前に座らされてね。

するとにょ、後ろから巫女さんが近づいてくる。そのときによって巫女さんは違うんだけど、足を踏み鳴らしながらシッシッシッシッ……と（口ずさみながら）近づいてくる。巫女さんは神様が乗り移っていて、すべてお見通し。何を言われるかドキドキして待ってるわけ。巫女さんはシッシッシッシッ……と言う合間に『オオオ〜』という声を深いところから出して、たまに『そうか』と言ってる。何に納得してるのかはわからないけど……」

——それがおいくつぐらいのことですか。

**荒井良一さん**「二一歳ぐらいのことだったかな。不思議な世界だった。『拝される』というのは『清めてもらう』ということ。悪霊を祓ってもらうということだよね。ただ、『拝される』ほうは怖くて仕方ない（笑）。でも、拝される喜びもあった。ありがたいことなんだ」

青ヶ島には病院がなく、満足な医療を受けられなかった。そのためシャーマニズムが発展したという側面もあるのだろう。だが、話はそう単純なものではない。良一さんは青酎のロックを何杯も空にしながら、ボソッとこう呟いた。

**荒井良一さん**「根底にあるのはね、その人の人生の苦悩。すごく深いところではね。それだけは真実だな」

人生の苦悩——。それは青ヶ島の島民だけでなく、生きていくうえで誰もが抱えるものである。苦悩を浄化するために人は心のうちに信仰心を育み、神を必要とする。だが、青ヶ島の人々はかつて還住を遂げた先祖たちの苦悩も背負いながら、今を生きているようにも思えた。まるで数十キロのセメントをよいしょと持ち上げるかのように、彼らはその苦悩を背負い、絶海の孤島での暮らしを続けている。

康太くんがこう続ける。

**荒井康太さん**「祈りやシャーマニズムというものは、人が人として生きていくなかで感じる思いの裏返しにしか見えないんですよ。『なんでシャーマニズムの文化はなくなったんですか』と聞かれることがよくあるんだけど、苦労の種類が変わったからだと思うんだ。昔と生活も変わったし、それは当然のこと。でも、都会にいると、ここにはない怨念を感じるんです。生きるうえでの苦しみが青ヶ島みたいに自然に向かってないで、人間関係のなかから生まれている。ここの人たちは最後まで自然と向き合っていて、だからこそシャーマニズムの文化が残ったということだと思うんです」

「まあ、飲んで飲んで」と良一さんがぼくのグラスに青酎をドボドボと注ぐ。時計の針は夜一一時に近づこうとしている。あらゆる感覚がグニャリとひん曲がっていく。

**広江清二さん**「山にひとりでいくと、『首を吊れ、首を吊れ』って聞こえてきたこともある」

**荒井良一さん**「これだけの歴史があるところですからね、若いころは『あの場所には何かあるな』と感じることがあった。……ほら、大石さんの肩にも何か憑いてますよ（笑）」

――勘弁してくださいよ（笑）。

**広江清二さん**「人魂、見たことない？」

――ないです（笑）。

**荒井良一さん**「俺はある」

**荒井康太さん**「僕もありますよ」

**広江清二さん**「二回見たけど、青白いんだよね。驚いてキャーッと声を出すと、人魂のほうが驚いて雲のほうに隠れるの。こりゃ誰か死んだなと話してると、本当に誰かが亡くなってる」

**荒井良一さん**「だから不吉な印なんだよ、人魂は。どっちに飛んでいった？　と大騒ぎになった」

康太くんも対抗して「子供のころ、そこの通りで兵隊さんに会ったことがある」なんて話し出すものだからたまらない。

宿に帰るまでの夜道が、来たときよりも暗く感じられた。断崖絶壁の下に打ち付ける荒波の音はまったく聞こえてこない。そのかわりに、朝目覚めたときと同じ突風が吹き抜け、木々を激しく揺らしている。やはりぼくはすごいところに来てしまったようだ。

ぼくが青ヶ島を訪れる少し前、智史さんと康太くんは元村役場職員の吉野さんと協力して「還住舎」という名のNPO法人を立ち上げた。理事長は智史さん、幹事のひとりは康太くん。立ち上げメンバーは彼らを含めて一〇人で、島の内外在住者で構成されている。

内閣府のNPO法人ポータルサイトでは、設立の目的がこのように説明されている。

「青ヶ島の文化や産業を振興するための研究、青ヶ島の自然や動植物等の調査研究を通じた環境保全、青ヶ島への移住・定住を促進するための環境整備、等を通じて青ヶ島の地域社会の発展に寄与することを目的とする」

智史さんによると「あくまでも営利が絡まないアイデアを出す場所」。内地の研究者を招いたりしながら、今後の青ヶ島に何が必要なのか、定期的に意見交換会を開いているらしい。その活動は彼らの父親世代のようなストロング・スタイルとは異なり、とても柔軟で現代的。こういう人たちがリーダーを務める地域は今後おもしろくなっていくだろうな、そう思わせるものがある。

現在内地に住み、都心を中心に音楽活動を行っている康太くんも、忙しい活動の合間を見つけて還住舎の活動に参加している。子供のころはずっと島を出たいと願い、帰ろうと思ったこともなかったというが、「家族に何かあれば戻るしかないんですよ。いつか戻るんだろうなと思ってますし」と話す。

**荒井康太さん**「住んでる人がぼくら以外にもたくさんいて、島のことをやってくれる人がいるんだったら任せられますけど、そもそも人が足りない島ですからね。親父がやってる自動車整備もそうだし、ガソリンスタンドもそう。家業という域を超えて、ウチは島のインフラ整備をやってるので、自分もいつか島に帰るものだと思ってます」

一方、智史さんが島に戻ったのは三〇歳のときだった。かつての彼もまた、やはり内地で音楽活動を続けていくものだと考えていたという。

荒井智史さん「自分の場合は三〇歳になるまで還住太鼓のことをほとんど意識してなかったんですけど、向こうにいた最後の二年で変わったんです。大きな怪我をしたこともあって、島に戻りたいという意識も芽生えてきたんですね。それまでは音楽をやっていくんだと思ってたし、帰ろうとも思ってなかった」

「島に戻りたいという意識」とはどのような感覚なのだろうか？　もう少し突っ込んで聞いてみよう。

荒井智史さん「僕の場合、大学を出てちゃんと就職したわけでもなかったですし、中途半端に生きてきちゃったという感覚もあったんですよね。そのまま島に帰っても本当に中途半端なままなわけで、『世界中どこにいても自分は自分だな』と思える自分になったら島に帰ろうと思ってたんです。そうしないと、島に帰っても『もっと音楽活動をできたはずなのに』っていうくだらないことを考えちゃうんじゃないかなと思って。ちょっとでもやり残したことがあると、それがいいわけになってしまう。僕の場合は大きな怪我をしたあと、結婚したこともあったし、いいバンド仲間に恵まれて、自分が考える音楽も作ることができた。そのときにようやく『世界中どこにいても自分は自分だな』と思えるように

十一屋酒店

なったんです。だから、本当に素直な気持ちで帰ってくることができました」

故郷に戻っても内地に気持ちを置いてきてしまうケースもあるわけで、智史さんの場合、「気持ち的にも還住できた」ことが大きいのだろう。その表情はとても晴れやかで、わずかな後悔も感じられない。自分の生き方に迷いのない人はやはり強い。智史さんに限らず、青ヶ島の人たちにはそういう強さがあり、ぼくにはそのことがとても眩しく感じられた。

なぜこんな絶海の孤島に島の祖先たちは住み着いたのだろうか？　噴火の苦労を経験し、五〇年もの歳月を経てもなお、なぜ島に戻ろうとしたのだろうか？　ぼくはその理由を知りたくて青ヶ島までやってきたわけだが、ぼんやりと見えてきたのは、島民たちが胸の奥に抱える郷土愛にも似た土地への思いだった。

ただし、それは決して生まれながらにして自動的にインストールされたり、戸籍のようなかたちで機械的に管理されるものではない。ボロボロになりながらも生まれ育った川へと戻る鮭の帰巣本能のようなものとも明らかに違うだろう。出自とはまったく関係ないとまでは言わないものの、その地域で生まれたものだけの特権というわけでもない。実際、島生まれではない康太くんたちのおじいさんは青ヶ島を愛し、青ヶ島の男として生涯をまっとうしたではないか。

おそらくそれは、その土地でどれだけの思いを積み重ね、どのような関わりをもってきたのか、みずから土地と関わることによって自然と育まれていくものなのかもしれない。たとえば自分で耕した土地に対する愛着だったり、自分を育んだ自然環境への親しみ、または土地が持つリズムやメロディーへの思い、もしくは自身が属し、育ててきた地域共同体に対する情熱のようなもの。誰かに与えられるものではなく、自身の心のうちに育んでいくもの——そういうものなのだろう。

考えてみると、この本でお話を聞いた方々は、そうやって自分たちの足元を耕し、特定の土地への思いをナチュラルに育んできた人たちばかりだった。その土地に生まれた人間と移住者が混ざり合い、モザイク模様の多様性を構成している東京という町には、出自さえも無化してしまうそんな「思い」が溢れている。

仕事をし、消費し、寝るだけの場所としての東京ではなく、耕し、育み、蘇らせる場所としての東京。二〇二〇年の東京オリンピックを前にして、再開発が進められる都心の喧騒から遠く離れた土地で、そんな「東京」と出会えたことにぼくは言いようのない幸福を噛みしめていた。

二〇一九年四月一日、朝九時すぎ。ぼくを乗せたフェリーは都心をめざし、経由地である八丈島を出発。歩くこともままならないほど大きく揺れるフェリーのなかで、平成の次の元号が「令和」になったことを知った。

**参考文献：**
小石房子『江戸の流刑』（平凡社新書）
『にいじまぐ2』（にいじまぐ編集部）
武田幸有『新島炉ばなし』（新島観光協会）
『西郊民俗』（西郊民俗談話会）所収、新井清「新島・式根島のオガミンバ」
『伊豆諸島東京移管百年史・上』（東京都島嶼町村会）
本田安次『日本の民俗芸能5（離島・雑纂）』（木耳社）
『青ヶ島の生活と文化』（青ヶ島村役場）
『大塚薬報』二〇一七年七・八月号（大塚ホールディングス）所収、荒井智史「美しも険しい絶海の孤島～青ヶ島」
柳田國男『島の人生』（東京創元社）所収、「青ヶ島還住記」
山田常道『火の島のうた――還住青ヶ島』（学芸書林）
高津勉編『くろしおの子――青ヶ島の生活と記録』（新日本教育協会）
『チクマ離島シリーズ 青ヶ島』（千曲秀版社）

# おわりに

奥東京を巡るぼくの旅はこうして終わった。

「自分の知らない東京と出会いたい」という素朴な欲求から始まったその旅は断続的に約二年半続き、その間、東京ではたくさんの変化があった。

二〇一八年一〇月六日には佃島の取材で何度も足を運んだ築地市場が最後の営業日を迎え、八三年の歴史に幕を下ろした。それに伴い、大市場交易神をルーツとする魚河岸水神社の遥拝所も、新市場の一画へと移動した。築地市場という都民の台所が幕を下ろしたことは、各メディアでも盛んに取り上げられた。摂津から続く佃島住民の歴史はこのときひとつの転換期を迎えたわけだ。

二〇二〇年の東京オリンピックに向け、都内各地で再開発が進められている。空の玄関口となる羽田エリアも例外ではなく、二〇一八年には三〇〇〇人規模のライヴホールが建設されることが発表された。日本最大級のエアポートホテルや先端医療研究センターも併設された複合施設になるのだという。漁師町としての羽田の風景は、さらに過去のものとなりつつある。

本書のなかでお話を伺った方々の境遇にも変化があった。

新島で居酒屋「サンシャイン」を営業していた大将は内地に戻り、現在は大将の右腕としてがんばっていた佑介くんが店を継いでいる。

だが、ぼくにとってもっとも大きかったのは、かつての佃島の生活について貴重なお話を聞かせてくださった田島正子さんが二〇一八年春に亡くなったことだった。月島の一角に建つ浄土真宗本願寺派佃島説教所で執り行われた告別式にもお邪魔させていただいたが、正子さんは亡くなる直前まで元気だったそうで、突然の逝去だったらしい。正子さんがお元気なうちにこの本を渡せなかったことが悔やまれてならない。


ぼくは二〇二〇年の東京オリンピックに向けて急速に姿形を変える都心部から逃げるように東京の周縁へと逃げ込み、変わることのない東京に触れようとしたわけだが、東京の奥地もまた――都心に比べればゆったりしたスピードではあるものの――あらゆる面で変容しつつあった。やはり、変わらないものなどないのだ。東京においてはあらゆるものが常に変容し、生まれ変わり、時には死に絶えながら、更新されている。

また、ぼくは取材を続けるなかで、時代の狭間に自分が生きていることを実感することにもなった。当初はまるで意識していなかったものの、本書は平成最後の数年間における東京のドキュメントという一面を持つことになった。

だが、変わりゆく風景の奥底には、東京という土地の養分のようなものが沈殿していた。たとえば、命に対する思い。または川や海、山に対する思い。もしくは自分の足元に広がる土地や隣人に対する思い。それは人がある土地と特別な結びつきを持つなかで、長い時間をかけてじっくりと育んできたものでもある。それぞれの土地に伝えられてきたさまざまな物語や信仰、歌、リズムは、そうした養分をたっぷり吸収して育った豊かな果実のようなものなのかもしれない。

たとえ街の風景が変わっても、その奥底には変わらないものがある。そのことを実感できたことは、ぼくにとって大きなことだった。

そして、そうした普遍的な精神性というべきものを、時代の狭間にある現代、新たに育もうとしている人々とも今回出会うことができた。伊豆諸島や奥多摩で交わした会話は未来に向けたものでもあったはずだ。

変わり続けるもの・変わらないものに触れていくなかで、ぼくは東京という摩訶不思議な場所の魅力を知った。東京はやはりおもしろい場所だ。この巨大都市のダイナミズムは特別なものだと思うし、きっと今後も失われることはないだろう。

本書の取材・執筆にあたってお世話になったみなさまに感謝いたします。貴重なお話を聞かせてくださったみなさんはもちろん、あいだを取り持ってくださったすべての方々。この企画を最初におもしろがってくれた晶文社の斉藤典貴さんと小川一典さん。一〇代のころからの憧れだった晶文社とぼくを繋いでくれた写真家の平野太呂くん。そして、各地を一緒に旅し、素晴らしい写真を撮影してくれた妻の大石慶子。

そして、この本を手にとってくださったみなさん。ありがとうございました。東京に対するみなさんの好奇心に、この本がほんの少しの刺激でも与えられたとしたら、これほど嬉しいことはありません。

二〇一九年初夏

大石始

## 大石 始 おおいし・はじめ

1975年、東京都生まれ。埼玉県の国道16号沿線エリアで育つ。武蔵野美術大学映像学科卒業後、レコード店店主などを経て音楽雑誌編集部に在籍。約1年間の海外放浪ののち、2008年よりフリーランスのライターとして活動。主な著書・編著書に『ニッポン大音頭時代――「東京音頭」から始まる流行音楽のかたち』（河出書房新社）、『ニッポンのマツリズム―― 盆踊り・祭りと出会う旅』（アルテスパブリッシング）、『大韓ロック探訪記』（DU BOOKS）など。旅と祭りの編集プロダクション「B.O.N」主宰。

## 奥東京人《おくとうきょうじん》に会《あ》いに行《い》く

2019年10月20日　初版

著者　大石始

発行者　株式会社晶文社
東京都千代田区神田神保町1-11　〒101-0051
電話 03-3518-4940（代表）・4942（編集）
URL http://www.shobunsha.co.jp

印刷・製本　中央精版印刷株式会社


ISBN978-4-7949-7151-7　Printed in Japan

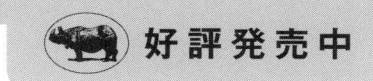